RECORDAÇÕES DA MINHA INEXISTÊNCIA

REBECCA SOLNIT

Recordações da minha inexistência

Memórias

Tradução
Isa Mara Lando

Companhia das Letras

Copyright © 2020 by Rebecca Solnit

Grafia atualizada segundo o Acordo Ortográfico da Língua Portuguesa de 1990, que entrou em vigor no Brasil em 2009.

Título original
Recollections of my Non-Existence

Capa
Tereza Bettinardi

Foto de capa
Shaun O'Rourke

Foto p. 2
Cortesia da autora

Preparação
Luisa Tieppo

Revisão
Isabel Cury
Ana Maria Barbosa

Dados Internacionais de Catalogação na Publicação (CIP)
(Câmara Brasileira do Livro, SP, Brasil)

Solnit, Rebecca
    Recordações da minha inexistência: Memórias / Rebecca Solnit; tradução Isa Mara Lando. — 1ª ed. — São Paulo: Companhia das Letras, 2021.

    Título original: Recollections of my Non-Existence
    ISBN 978-85-359-3359-8

    1. Escritoras norte-americanas – Autobiografia 2. Memórias 3. Solnit, Rebecca I. Título.

20-36245   CDD-818.509

Índice para catálogo sistemático:
1. Escritoras norte-americanas : Autobiografia   818.509

Cibele Maria Dias – Bibliotecária – CRB-8/9427

[2021]
Todos os direitos desta edição reservados à
EDITORA SCHWARCZ S.A.
Rua Bandeira Paulista, 702, cj. 32
04532-002 — São Paulo — SP
Telefone: (11) 3707-3500
www.companhiadasletras.com.br
www.blogdacompanhia.com.br
facebook.com/companhiadasletras
instagram.com/companhiadasletras
twitter.com/cialetras

Sumário

Casa de espelhos 7
Sirenes de nevoeiro e música gospel 25
A vida em tempos de guerra 49
Desaparecendo até sumir 81
Livremente, à noite 105
Algumas utilidades das margens 141
Mergulhando nos destroços 167
Audibilidade, credibilidade, relevância 203

Posfácio: Linhas da vida 249
Agradecimentos 257

CASA DE ESPELHOS

1.

Certo dia, muito tempo atrás, olhei para mim mesma de frente num espelho de corpo inteiro e vi minha imagem escurecer e ficar nebulosa e então recuar, como se eu estivesse desaparecendo do mundo, e não afastando aquilo da minha mente. Procurei me apoiar no batente da porta do outro lado do corredor e foi aí que senti minhas pernas se dobrarem debaixo de mim. Minha imagem saiu flutuando à deriva e se dissolveu na escuridão, como se eu fosse apenas um fantasma desaparecendo até mesmo do meu próprio olhar.

Naquele tempo eu desmaiava de vez em quando e tinha tonturas com frequência, mas essa ocasião foi memorável porque não me pareceu que o mundo estava desaparecendo da minha consciência, mas sim que eu estava desparecendo do mundo. Eu era a pessoa que estava desaparecendo e também aquela pessoa sem corpo observando à distância — era as duas e nenhuma das duas. Naquela época eu estava tentando desaparecer e aparecer, tentando estar em segurança e ser alguém, e esses objetivos muitas vezes conflitavam entre si. E eu me observava para ver se conseguia ler no espelho aquilo que eu poderia ser, e se eu estava à altura, e se todas as coisas que já tinham me dito a meu respeito eram verdadeiras.

Ser uma jovem mulher significa enfrentar a sua própria aniquilação de maneiras inumeráveis, ou então fugir dela, ou do conhecimento dela, ou todas essas coisas ao mesmo tempo. "A morte de uma bela mulher é, sem dúvida, o tema mais poético que há no mundo", disse Edgar Allan Poe, que decerto não imaginou isso do ponto de vista das mulheres que preferem viver. Eu estava tentando não ser o tema da poesia de outra pessoa, e não acabar sendo morta; estava tentando encontrar uma poética própria, sem mapas, sem guias, sem muita coisa em que me basear. Essas coisas todas talvez já existissem, mas eu ainda não as tinha localizado.

A luta para encontrar uma poesia em que se comemora a sua sobrevivência, e não a sua derrota, talvez a luta para encontrar a sua própria voz e insistir nisso, ou, pelo menos, encontrar uma maneira de sobreviver em meio a um clima geral que sente prazer ao ver você se apagar e fracassar — esse é um trabalho que muitas jovens precisam fazer, talvez a maioria. Naqueles anos de juventude eu não fazia isso muito bem, nem com muita clareza, mas fazia ferozmente.

Muitas vezes eu não sabia contra o que e por que eu estava resistindo, e assim minha rebeldia era turva, incoerente, errática. Aqueles anos tentando não sucumbir, ou então sucumbir como alguém que vai afundando num atoleiro e começa a agitar os braços desesperadamente para escapar, isso incontáveis e incontáveis vezes, me voltam à mente agora quando vejo as jovens ao meu redor nas mesmas batalhas. A luta não era apenas pela sobrevivência do corpo, embora isso pudesse ser bastante intenso, mas para sobreviver como uma pessoa de posse dos seus direitos, incluindo o direito à participação, à dignidade e a ter uma voz. Mais do que sobreviver: viver.

A diretora, roteirista e atriz Brit Marling disse recentemente: "O que faz você continuar sentada naquela cadeira, naquela sala, aguentando o assédio ou os abusos de um homem poderoso é, em parte, o fato de que como mulher você raramente viu algum outro final para a sua vida. Nos romances que você leu, nos filmes que viu, nas histórias que ouviu desde que nasceu, é muito frequente que as mulheres tenham um fim desastroso".

O espelho em que me vi desaparecer ficava no apartamento onde morei por 25 anos, desde o final da minha adolescência. Os primeiros anos que passei ali foram a época das minhas batalhas mais ferozes, algumas das quais venci, outras das quais deixaram cicatrizes que ainda levo comigo, e muitas das quais me formaram de tal maneira que nem posso dizer que eu gostaria que aquilo tudo tivesse sido diferente, pois nesse caso eu seria outra pessoa completamente diferente, e essa pessoa não existe. Quem existe sou eu. Mas posso desejar que as jovens que vêm depois de mim possam saltar alguns desses velhos obstáculos, e alguns dos meus textos têm esse objetivo, pelo menos nomeando esses obstáculos.

2.

Outra história de espelhos: quando eu tinha uns onze anos havia uma loja de sapatos onde minha mãe me comprou botinas de operário, minhas prediletas naquela época em que eu estava tentando não ser aquela coisa desprezada, uma menina, e estava tentando ser algo distinto disso — algo robusto, rijo, pronto para a ação; mas foi outra coisa que tornou aquela loja de sapatos inesquecível. Parando na frente dos espelhos colocados de ambos os lados do corredor central, podia-se ver a imagem da imagem da imagem da imagem de você mesma, ou dos banquinhos, ou de qualquer coisa — cada uma mais aquosa, mais esmaecida e remota que a outra, se afastando lá para trás, para o além, aparentemente para sempre, como se ali houvesse um oceano com aqueles reflexos e você estivesse enxergando cada vez mais longe naquelas profundezas verde-mar. Naqueles momentos, não era eu mesma que eu tentava discernir, mas sim o além.

Para além de cada início há outro início, e atrás deste há outro ainda, e mais um; mas um ponto de partida pode ser minha primeira viagem no ônibus 5 Fulton, essa linha que corta a cidade em duas, saindo do centro, junto à baía de San Francisco, e seguindo direto para oeste pela Fulton Street até o oceano Pacífico. O essencial desta história acontece no meio dessa rota, no meio da cidade, mas por um momento só, fique nesse ônibus que se esforça para subir a ladeira, passando pela igreja jesuíta cujas torres absorvem a luz da manhã, continue seguindo em frente ao longo daquele grande parque do lado sul da rua, e avenida após avenida com casas cada vez mais esparsas, sobre uma terra que é, na verdade, apenas areia, até aquele trecho arenoso que vai encontrar o Pacífico — o oceano que recobre um terço do planeta.

Às vezes o oceano inteiro parece um espelho de prata polida, embora seja turbulento demais para conservar tantos reflexos; é a baía que mostra o reflexo do céu na superfície. Nos dias mais belos não há palavras que descrevam as cores da baía de San Francisco e o céu sobre ela. Por vezes a água reflete um céu que é ao mesmo tempo cinza e dourado, e a água é azul, é verde, é prata, é um espelho daquele cinza e daquele dourado, captando o calor e o frio das cores em suas ondulações — é todas essas cores e nenhuma delas, é algo mais sutil do que a linguagem que usamos. Por vezes um pássaro mergulha no espelho da água, desaparecendo no seu próprio reflexo, e a superfície reflexiva torna impossível enxergar o que há por baixo.

Por vezes no nascimento e na morte de um dia, o céu opala é de uma cor para a qual não temos palavras, o ouro se transformando em azul sem o verde intermediário entre essas cores, as cores quentes, flamejantes, que não são damasco, nem carmesins, nem ouro, a luz se transformando de segundo em segundo de modo que o céu tem incontáveis tons de azul, enquanto vai esmaecendo, a partir da região onde o sol se encontra até o extremo oposto, onde outras cores estão acontecendo. Se você desviar a vista por um momento que seja, vai perder uma tonalidade para a qual jamais haverá nomenclatura, e que já se transformou em outra, e mais outra. Há nomes de cores que são gaiolas contendo o que ali está fora de lugar, e isso também acontece de modo geral com a linguagem, com palavras como *mulher, homem, criança, adulto, seguro, forte, livre, verdadeiro, negro, branco, rico, pobre.* Nós precisamos das palavras, mas é melhor utilizá-las sabendo que são recipientes sempre despejando seu conteúdo para fora, quebrando e se abrindo. Alguma coisa está sempre mais além.

3.

Por vezes um presente é dado, e nem o doador nem o receptor sabem quais são as suas verdadeiras dimensões, e aquilo que parece ser à primeira vista não é o que será no final. Tais como os inícios, os finais têm intermináveis recessos, camadas sobre camadas, consequências que se espraiam em todas as direções. Num domingo de inverno, quando eu era jovem, ignorante, pobre e quase sem amigos, fui ver um apartamento para alugar. Eu o encontrei nos classificados de jornal — algumas pequeninas linhas de informações naquele denso quadriculado cinza que em geral descrevia imóveis fora do meu alcance. Riam de mim quando eu dizia que estava procurando um lugar por duzentos dólares por mês — um preço baixíssimo mesmo naquela época, mas eu não podia pagar mais que isso naquele último semestre da faculdade, o terceiro ano da minha independência financeira.

Na época em que saí procurando casa, eu morava num quartinho minúsculo com uma janela que dava para os fundos do prédio, mas que era, mesmo assim, um luxo por ter seu próprio banheiro naquele apart-hotel onde os outros quartos tinham que compartilhar os banheiros no fim do corredor. O edifício inteiro tinha uma única cozinha mal iluminada, onde a comida da gente era roubada da geladeira ou assaltada pelas baratas, ou as duas coisas. Os outros moradores eram pessoas cuja vida parecia não ter dado muito certo. Eu tinha dezenove anos e a minha vida ainda não tinha dado nem certo nem errado; ainda estava no início do processo de tentar descobrir quem eu iria me tornar, e de que maneira — a tarefa costumeira para as pessoas dessa idade. (Aos quinze anos passei no exame final do secundário; aos dezesseis entrei num curso superior de dois anos, em período integral; aos dezessete me transferi para uma faculdade de quatro anos; e aos dezenove estava terminando a Universidade Estadual de San Francisco, a que servia às classes trabalhadoras, lá no ventoso extremo sudoeste da cidade.)

Tomei o 5 Fulton perto da prefeitura, e o ônibus foi me levando ao longo de conjuntos residenciais, passando por uma igreja na Fillmore Street onde um grupo de homens negros de terno e aparência sombria estava reunido na porta para um enterro; passando por antigas casas de madeira muito ornamentadas e lojinhas de bebidas nas esquinas, subindo até a Lyon Street, onde desci, e o ônibus continuou pesadamente seu caminho rumo ao Pacífico. Encontrei o endereço: uma porta recuada que tinha, como muitos outros prédios das redondezas, um portão externo de ferro para maior segurança. Do lado de dentro, o capacho ficava preso à caixa de correio por uma corrente enferrujada com cadeado. Toquei a campainha do zelador, subi lentamente o primeiro lance de escadas quando a porta se abriu e o encontrei na porta do seu apartamento no segundo andar, de onde ele logo me mandou para o terceiro, para visitar o apartamento diretamente acima do seu.

Fiquei embasbacada com a beleza do lugar. Era um estúdio de esquina, cuja sala principal tinha uma janela saliente, dando para o sul e para o leste, pela qual a luz entrava em cascatas. Assoalho de madeira de tonalidade dourada, pé-direito alto com o teto arredondado e paredes brancas com painéis retangulares, contornados em alto-relevo. Portas com painéis espelhados e puxadores de cristal. Uma cozinha separada com outra janela, esta virada para o leste, que explodia com a luz da manhã quando o sol se elevava acima do casarão do outro lado da rua. O apartamento parecia luminoso, um pouquinho fora da realidade, um lugar saído de um conto de fadas, imenso e refinado em comparação com os quartinhos espartanos onde eu sempre tinha morado desde que saí da casa dos meus pais, logo que completei dezessete anos. Fiquei flutuando por ali um tempo, depois desci e disse ao zelador que queria o apartamento. Ele falou, bondosamente: "Se você quer, deve ficar com ele". Eu desejava apaixonadamente; era mais bonito do que qualquer coisa que eu jamais sonhara que poderia ter, e só estar nele já parecia um sonho.

O zelador era um homenzarrão negro de sessenta anos, alto, corpulento, forte, sem dúvida muito bonito no passado e ainda uma figura impressionante, com uma voz bem grave, tonitruante, e se estivesse vestido naquele dia como se vestia em geral, devia estar de macacão. Abriu a porta para eu entrar na sua sala. Naquela tarde de domingo de final do Superbowl, quando um time local estava jogando e um rugido se elevava das casas em todo o bairro a cada ponto marcado, ele estava assistindo a músicos negros tocando blues na sua grande TV, que ficava numa mesinha ao lado da mesa hexagonal de pôquer, coberta de feltro verde; a luz de fora se filtrava das janelas salientes pelas persianas antiquadas, de lâminas largas. Quando ele me passou o formulário de aluguel, meu coração desabou. Falei que eu já tinha sido recusada pela mesma imobiliária de quinta categoria, cujo nome constava no papel timbrado. Um funcionário havia jogado meu formulário no lixo, com um gesto de desprezo, bem na minha frente: minha renda era inferior ao mínimo exigido.

O zelador me disse que se eu conseguisse uma mulher mais velha, respeitável, para fazer o pedido, ele não diria nada a eles. Aceitei a sugestão e pedi à minha mãe, que muitas vezes já tinha se recusado a fazer coisas comprometedoras para me ajudar. Dessa vez ela aceitou: preencheu e apresentou o formulário. A imobiliária não desconfiou de nada; por que uma pessoa branca, com imóvel próprio, residente do outro lado da ponte Golden Gate, haveria de querer o apartamento? Creio que ela disse que queria ficar mais perto do trabalho, porque era contadora de uma agência de talentos no centro da cidade. Eles provavelmente consentiram por ser a candidata de melhor situação financeira para aquele pequeno apartamento num bairro negro.

Durante os oito anos seguintes paguei meu aluguel todos os meses assinando uma ordem de pagamento com o nome dela em vez do meu. O contrato especificava que a pessoa que o assinou seria a moradora; assim, eu não existia oficialmente na minha casa, ela não era minha oficialmente. Apesar de ter acabado morando ali por tantos anos, durante muito tempo eu sentia que podia ser expulsa a qualquer momento e que era melhor procurar ser invisível ao máximo, o que reforçou uma tendência para ser furtiva, o hábito de tentar passar despercebida que eu já tinha quando criança. Em dado momento a imobiliária descobriu que a moradora não era a signatária do contrato e perguntou ao zelador o que estava acontecendo. Ele garantiu que eu era uma locatária silenciosa, responsável, e nada aconteceu; mesmo assim eu me sentia numa situação precária.

James V. Young era o nome do zelador do prédio. Eu sempre o chamava de sr. Young. Em algum momento ele mencionou que eu era a primeira pessoa branca a residir naquele prédio em dezessete anos. Os outros moradores eram em geral casais mais velhos, exceto uma mãe solo e sua filha, muito gentil, que moravam em outro estúdio do prédio; havia sete apartamentos dando para uma escada de dois andares e garagens no andar térreo. O fato de que eu tinha me mudado para um bairro negro era algo que eu ainda não tinha captado muito bem e me ensinou muitas coisas durante os anos seguintes. Morei ali tanto tempo que, quando saí, deixei para trás um bairro de classe média branca, com prédios que permaneceram, de modo geral, iguais, com exceção da pintura nova, mas onde tudo o mais tinha se transformado, e alguma coisa vital havia morrido.

Eu também havia mudado; a pessoa que saiu de lá no século XXI não era a mesma que ali tinha chegado tantos anos antes. Há um fio de continuidade. A criança é mãe da mulher, mas tanta coisa aconteceu, tanta coisa mudou, que penso naquela jovem magrinha, ansiosa, como alguém que conheci intimamente, alguém que eu gostaria de ter ajudado mais, alguém por quem sinto simpatia e preocupação, como hoje muitas vezes sinto pelas jovens daquela idade que conheço; aquela pessoa de tanto tempo atrás não era exatamente eu, nem parecida comigo, de maneira nenhuma, em aspectos cruciais, mas mesmo assim era eu — uma desajustada, desajeitada, uma sonhadora, uma andarilha inquieta.

4.

A palavra *adulto* implica que todas as pessoas que já atingiram a maioridade legal formam uma categoria coerente, mas somos viajantes que vão mudando e atravessamos um país que vai mudando enquanto avançamos. O caminho é acidentado e elástico. A infância vai sumindo aos poucos em alguns aspectos, em outros ela nunca termina; a idade adulta chega em pequenas prestações irregulares, se é que chega; e cada pessoa vai seguindo seu próprio cronograma, ou melhor, não há cronograma para todas essas transições. Quando sai da casa dos pais, se você teve essa casa, quando começa a viver por sua conta, você é uma pessoa que foi criança a maior parte da vida, embora até mesmo o que significa ser criança não seja muito bem definido.

Algumas pessoas têm outras que vão cuidar delas, financiá-las e, por vezes, confiná-las durante toda a sua vida; algumas desmamam aos poucos, alguns de nós são cortados abruptamente e têm que se defender sozinhos; alguns sempre fizeram isso. Mesmo assim, ao ficar por conta própria você é um novo imigrante no país dos adultos, e os costumes são estranhos: você está aprendendo a juntar todos os pedaços de uma vida, tentando descobrir o que essa vida vai ser e quem vai fazer parte dela, e o que você vai fazer com a sua autodeterminação.

Você está na sua juventude, caminhando por uma longa estrada que vai se bifurcar e depois se bifurcar de novo, muitas vezes; sua vida está repleta de escolhas com consequências imensas e imprevisíveis, e raramente se consegue voltar para trás e escolher o outro caminho. Você está fazendo alguma coisa, uma vida, um indivíduo; é uma tarefa intensamente criativa, e uma tarefa em que é mais do que possível fracassar — fracassar pouco, muito, miseravelmente, fatalmente. A juventude é um negócio de alto risco. Certa vez, na época em que mudei para o prédio do sr. Young, ao atravessar uma praça perto da prefeitura fui abordada pelos membros de uma seita. No início dos anos 1980, aquelas seitas tão nocivas durante toda a década de 1970 ainda não haviam desaparecido. Pareciam ser a consequência de fazer mergulhar de cabeça nas liberdades anárquicas da época todas aquelas pessoas educadas para obedecer à autoridade. Como uma maneira aparentemente radical de voltar para o conservadorismo da obediência cega e da hierarquia rígida, essas seitas eram uma fissura entre duas maneiras de ser, e muita gente caiu nessa fenda.

Às vezes os pássaros voam de volta para a gaiola quando a porta está aberta; às vezes, pessoas que são livres para fazer suas próprias escolhas optam por abandonar esse poder. Por um momento naquela praça, senti vividamente, visceralmente, o que eles estavam oferecendo e por que aquilo era atraente para pessoas da minha idade: a chance de se livrar de todo o peso da responsabilidade que vem com a idade adulta, de não precisar tomar decisões todos os dias nem lidar com as consequências dessas decisões, a chance de voltar a algo parecido com a infância e chegar a uma aparência de certeza, que não foi conquistada com esforço, mas sim entregue de mão beijada. Consegui sentir como seria estar livre da autonomia, uma sensação que ficava enterrada no ato de abrir mão da liberdade; mas eu amava minha independência, privacidade e autonomia, amava até mesmo um pouco da minha profunda solidão, e não havia a menor chance de que eu fosse abrir mão de tudo isso.

Conheci pessoas vindas de famílias felizes que pareciam ter pouco trabalho a fazer como adultos; seguiam em frente tais como tinham sido ensinadas; são os frutos que não caem longe da árvore; estavam numa estrada que não tem bifurcações, ou então não tinham nenhuma jornada pela frente, pois já haviam chegado antes mesmo de partir. Quando eu era jovem, tinha inveja delas pelo conforto das suas certezas; depois de mais velha, passei a sentir o oposto a respeito dessas vidas que não exigem tanta autoinvenção e questionamento. Havia uma verdadeira liberdade em estar por conta própria, e certa paz em não precisar dar satisfações a ninguém.

Hoje encontro jovens que parecem ter clareza quanto às suas necessidades e sua individualidade, suas emoções e os sentimentos dos demais, de uma maneira que me parece espantosamente avançada. Eu também fui uma viajante, estrangeira naquele país da vida interior, e minhas tentativas de me orientar e encontrar uma linguagem para descrever o que estava acontecendo dentro de mim seriam lentas, dolorosas, sempre avançando aos tropeços. Se tive sorte em tudo isso, foi a sorte de ser capaz de continuar a evoluir, de ser alguém num processo de mudança gradual, imperceptível, às vezes intencionalmente, outras vezes por incrementos e impulsos invisíveis para mim. De ser um fruto que caiu da árvore e continuou rolando. Naquele pequeno apartamento encontrei um lar onde poderia passar pela minha metamorfose, uma base para ficar enquanto me transformava e construía um lugar para mim no mundo lá fora. Fui acumulando habilidades e conhecimentos e, por fim, amigos e um sentimento de pertencer. Ou melhor, acabei descobrindo que as margens podiam ser o lugar mais rico, uma posição entre reinos onde se podia entrar e sair.

Não se trata apenas de estar no fim da adolescência; a idade adulta, uma categoria em que colocamos qualquer pessoa que não é criança, é uma condição em constante transformação; é como se não percebêssemos que as sombras alongadas ao nascer do sol e o orvalho da manhã são diferentes da luz clara e plana do meio-dia, quando chamamos tudo isso de "dia". Você muda, se tiver sorte; você se fortalece e vai fortalecendo o seu propósito ao longo do tempo; na melhor das hipóteses, vai ganhando orientação e clareza, algo amadurecido e calmo vai entrando e preenchendo os lugares onde a ingenuidade e a urgência da juventude vão se esvaindo. Agora que estou ficando mais velha, até as pessoas na faixa dos vinte anos me parecem crianças, não em ignorância, mas por serem novas, descobrindo muitas coisas, por terem a maior parte da vida pela frente e, principalmente, por estarem empenhadas na tarefa heroica de vir a ser.

Hoje me acontece de invejar essas pessoas que estão no início da longa estrada dessa vida que ainda vão fazer, pessoas que ainda têm tantas decisões pela frente à medida que a estrada for se bifurcando. Imaginando essa trajetória, visualizo uma estrada de verdade que vai se dividindo, uma encruzilhada após a outra, e consigo senti-la — uma estrada sombreada, com muitas árvores, cheia da ansiedade e da excitação das escolhas, da ansiedade de iniciar sem saber muito bem onde vamos acabar.

Não me arrependo dos caminhos que escolhi, mas sinto um pouco de saudades daquele período em que a maior parte do caminho está pela frente, daquele estágio em que você pode se tornar muitas coisas, saudades do potencial da juventude, agora que já fiz tantas escolhas, já estou bem avançada em uma estrada e já deixei muitas outras lá atrás. As possibilidades significam que você pode vir a ser muitas coisas que ainda não é — e isso é algo inebriante, quando não é aterrorizante. A maioria das encruzilhadas na estrada que eu haveria de enfrentar surgiu diante de mim na época em que morei ali, naquela casa luminosa que o sr. Young tornou possível para mim.

SIRENES DE NEVOEIRO E MÚSICA GOSPEL

1.

A New Strangers Home Baptist Church [Igreja Batista Lar dos Forasteiros Recém-Chegados] ficava a dois quarteirões do meu apartamento, num edifício de três andares da era vitoriana, com duas torrezinhas de cada lado, como se fossem silos, encimadas por cruzes e, algo raro naquele bairro de prédios que ficavam rentes à calçada: um pequeno gramado na frente, e no meio do gramado, junto com algumas roseiras que lutavam para sobreviver, uma tabuleta de madeira indicando seu nome. Ano após ano eu passava por ali e refletia sobre o que poderia ser um forasteiro recém-chegado, um estranho. A Solid Rock Baptist Church [Igreja Batista Rocha Inabalável], onde a Lyon Street subia numa ladeira íngreme, era uma das várias igrejas onde eu costumava parar na porta para ouvir a música gospel lá de dentro. Eu era uma forasteira naquele bairro, uma recém-chegada, uma estranha, mesmo porque aquele era um bairro de estranhos, gente que não pertencia à sociedade branca, dentro da qual eu tinha liberdade de viajar e de pertencer.

Era um bairro pequeno, cinco quarteirões de largura por

seis de comprimento, delimitado por amplas alamedas a leste e a oeste, um trecho verdejante do Golden Gate Park ao sul, e ao norte uma colina íngreme que funcionava como uma espécie de muralha. Meu novo lar ficava no canto sul do quarteirão; no lado norte ficava a igreja pentecostal, um edifício baixo e mal iluminado que era também meu local de votação. Ao lado ficava a loja de bebidas de uma família de imigrantes africanos; muitos anos depois fui ao enterro do seu filho adolescente, metralhado na calçada por um carro que passava. Esse enterro foi na Emanuel Church of God in Christ [Igreja Emanuel de Deus em Cristo], em Hayes, a três quarteirões da loja da família, menos de três da lavanderia em frente da qual o rapaz foi assassinado.

A igreja ficava num edifício bonito que outrora, numa época mais pálida, tinha sido um templo mórmon, e o funeral do rapaz foi vibrante, musical, com uma oratória das mais refinadas que jamais ouvi. A bela igrejinha angular de estuque, pintada em cores pastel, parecia ter caído diretamente de uma pintura italiana dos anos 1400 retratando a vida dos santos. Do outro lado da rua ficava a igreja rente à calçada onde estive certa vez, nos meus primeiros anos no bairro. O crucifixo acima do altar era feito de caixas de ovos, com o lado bojudo para fora. Havia várias outras igrejas negras naquela pequena área. Nunca se estava muito longe da devoção.

Uma linda mansão pintada de branco abrigava o Centro de Meditação Brahma Kumaris; e quando a aids se tornou um flagelo mundial, no final daquela década, as Missionárias de Caridade Madre Teresa abriram um hospital da aids numa grande mansão vitoriana de madeira em frente ao meu apartamento, e as freiras com seus sáris de algodão branco fininho e barra azul se tornaram uma presença regular no bairro. Madre Teresa em pessoa fez algumas visitas, e as freiras certa vez me mostraram uma foto dela tendo ao fundo a nossa loja de bebidas de proprietários árabes e gerentes negros. Havia um centro islâmico a leste, uma universidade jesuíta a oeste, igrejas católicas e episcopais ao norte; e a sudeste, logo além dos limites do bairro, na Divisadero Street, a Igreja Ortodoxa Africana Santo John Coltrane, com suas missas com jazz, seus programas de distribuição de alimentos e grandes quadros de arcanjos negros pintados no estilo das igrejas ortodoxas russas.

O que significa que era um bairro profunda e densamente espiritual, um lugarzinho bradando aos céus e a diversas versões de Deus. Naqueles primeiros anos, os frequentadores dessas igrejinhas iam a pé para o culto, vestidos com esplendor, os homens e garotos com ternos de várias cores, as meninas e mulheres de vestido, as senhoras mais velhas com chapéus de cetim, tule e veludo, chapéus que tinham sido dobrados, plissados, virados, decorados com véus, flores de pano, penas ou bijuterias. O bairro tinha vida, de uma maneira que fazia os subúrbios de classe média onde me criei parecerem mortos e desnudos — subdivisões destinadas, intencional e culturalmente, a se retirarem do espaço público e do contato humano, lugares onde os adultos andavam de carro e as pessoas andavam sós, e as cercas entre as casas passavam da nossa cabeça.

Às vezes eu olhava das minhas grandes janelas e via lá embaixo as pessoas indo para a igreja, caminhando em várias direções; às vezes eu mesma saía passeando em meio à multidão de gente que se cumprimentava antes e depois do culto. Era um lugar vivo, de uma vitalidade pulsante, naqueles dias em que as congregações passavam uma pela outra caminhando para o seu local de oração e depois se dispersavam a pé para suas casas. As igrejas eram proprietárias dos seus edifícios e permaneciam sempre ali, mas os membros em geral moravam de aluguel; aos poucos, mais e mais fiéis passaram a residir em outros lugares, e as ruas já não eram tão animadas. Em vez dos grupos alegres nas calçadas das igrejas, começou a haver fileiras de carros parados em fila dupla em frente a cada uma. E depois, lentamente, as igrejas também passaram a desaparecer, mas isso foi muito depois daqueles dias em que comecei a conhecer o bairro e sua gente.

Os moradores mais velhos fizeram parte da grande migração da população negra vinda do Sul do país, e seu modo de vida no bairro se reportava tanto ao sul, às cidadezinhas pequenas e à vida rural, como à vitalidade da cidade grande. Ouvindo suas histórias eu sentia a presença dos fantasmas daqueles outros lugares, como origens, lembranças e modelos para este lugar. A população negra de San Francisco aumentara quase dez vezes durante os anos 1940, e os recém-chegados tinham se concentrado nesse bairro, próximo ao centro geográfico da cidade, assim como em Hunter's Point, no extremo sudeste, onde havia empregos nas docas.

Aquelas pessoas mais velhas não tinham pressa nenhuma; eram gente do interior. Observavam os passantes, cumprimentando os que conheciam, às vezes chamando a atenção de uma criança que lhes parecia estar fazendo alguma traquinagem. Foram eles que me ensinaram que uma conversa, mesmo entre estranhos, podia ser um presente e uma espécie de esporte, uma ocasião para momentos calorosos, um bate-papo bem-humorado, para bênçãos e senso de humor; as palavras tinham o dom de ser uma fogueirinha em volta da qual a gente podia se aquecer. Muitos anos depois, quando estive em New Orleans e outros lugares do Sul, aquilo tudo me pareceu familiar, estranhamente; e percebi que San Francisco, esse pedacinho da Costa Oeste, fora na época uma base para os negros vindos do Sul.

2.

O próprio sr. Young fora criado na zona rural de Oklahoma, e o sr. Ernest P. Teal, que morava do outro lado da rua, mas guardava seu longo e luxuoso carro anos 1970 na garagem do nosso prédio, viera do Texas. O sr. Teal estava sempre vestido com elegância, com variações de chapéu Fedora e paletó esporte, muitos de tweed com variadas texturas. Era um homem cheio de estilo, que me contava histórias sobre os dias de glória do jazz no distrito Fillmore; mas era também um devoto, homem de uma imensa e irradiante bondade, graça e elegância, a prova viva de que ser caloroso e ser cool podem emanar da mesma fonte.

Virando a esquina morava a sra. Veobie Moss, que herdara a casa de sua irmã, a qual, por sua vez, a comprara com o dinheiro economizado trabalhando como doméstica. Quando ficou velhinha e esquecida, costumava sentar nos degraus de madeira na frente da sua casa, que dava para o sul; quando eu parava para conversar, ela me contava sobre sua infância numa fazenda na Geórgia e como eram lindas as árvores frutíferas. Era como se naqueles degraus ela estivesse sentada em duas épocas e dois lugares ao mesmo tempo, como se em cada conversa ela chamasse para si o seu mundo perdido, até que nós duas acabávamos sentadas à sombra das suas queridas árvores. Às vezes eu imaginava todos aqueles velhinhos adormecidos nas casas à minha volta sonhando com os lugares de onde vieram, imaginava os fantasmas daqueles campos e pomares, com estradinhas de terra e planícies se estendendo até o horizonte, cintilando nas nossas ruas no meio da noite.

O sr. Young era um veterano da Segunda Guerra, e foi ela que o arrancara do interior e o trouxera para cá. Segundo sua ficha militar, era trabalhador rural, solteiro, quando foi recrutado no condado de Choctaw, em Oklahoma, aos 22 anos de idade. Depois da guerra continuou servindo no Exército e acabou se aposentando e recebendo uma pensão. Ele me contou que fora um dos soldados negros em quem o Exército testava gases venenosos. Descreveu para mim um galpão ou hangar cheio de gás, e os homens, sem máscaras de proteção, correndo de um lado para o outro. Alguns, disse ele, morreram.

Tinha uma grande picape marrom, que guardava estacionada na garagem logo à esquerda da entrada do nosso prédio. Ele costumava ficar na porta da garagem, encostado no batente ou na sua picape, cumprimentando os passantes, conversando com este e aquele, dizendo uma palavra de advertência para alguma criança entrar na linha; no verão, muitas vezes trazia um carregamento de melões de Vallejo para vender. De vez em quando eu percebia uma pistola enfiada no bolso do seu macacão. Fumava um cachimbo com tabaco doce, e o cheiro às vezes subia e entrava pelos basculantes da minha cozinha, que ficava bem acima do seu quarto. Eu sempre parava para conversar quando o encontrava, ou pelo menos para trocar algumas palavras cordiais; às vezes, quando eu estava com pressa, torcia para não o encontrar na entrada, pois conversar menos de cinco minutos era considerado falta de educação.

Ele me contava histórias de quando era rapaz em Oklahoma, filho de trabalhadores rurais. A que mais ficou na minha memória foi de quando era adolescente e encontrou a Barrow Gang — Bonnie e Clyde e seus comparsas — em casa, quando voltou com os pais do trabalho no campo. A gangue de ladrões de banco estava lá porque, numa sociedade segregada, o último lugar onde alguém iria procurar gente branca fora da lei era em meio aos negros. Segundo relatos, a gangue fez isso com pelo menos mais uma família de trabalhadores rurais negros em Oklahoma; mais tarde ouvi dizer que outro gângster lendário, Pretty Boy Floyd, também costumava se esconder em casas de negros, naquela época em que um ladrão de banco era uma espécie de herói folclórico. Naquela visita à casa da família Young, a gangue de Bonnie e Clyde deixou em cima da mesa uma moeda de ouro de dez dólares. A mãe não queria ficar com dinheiro roubado, mas o pai disse: "As crianças precisam de sapatos para o inverno". Houve duas visitas. Essa e uma outra, quando voltaram do campo e encontraram a gangue sentada à mesa, se servindo do que havia na cozinha.

Tantos anos depois de ouvir essa história, ainda consigo visualizar a cena que imaginei enquanto ouvia — uma casinha de madeira em algum lugar do interior, uma mesa, um aparador, quem sabe uma varanda, talvez rodeada por um milharal. Quiçá um daqueles carros poderosos roubados pela gangue de Barrow, estacionado ao lado da casa — gente branca dentro do espaço de uma família negra. E é bem o que eu era naquele edifício onde ele tinha me convidado para morar, naquele bairro para onde muitos negros haviam se mudado, quando foram despejados pelo esvaziamento do distrito Fillmore em nome da renovação urbana — na época chamada de "remoção dos negros". As mesmas famílias que haviam chegado para escapar do Sul do país expulsas novamente, empurradas para a margem oeste de uma grande área da cidade conhecida como Anexo Oeste (Western Addition).

Há tantas maneiras de forçar as pessoas a desaparecer — são desenraizadas, apagadas, enquanto lhes dizem que essa não é a história nem o lugar delas. Vão se empilhando em camadas como estratos geológicos; o povo Ohlone habitara durante milênios a península de San Francisco antes de os espanhóis chegarem arrebentando tudo e a Espanha tomar posse de toda a Costa Oeste, e depois a região se tornar uma área marginal esparsamente povoada do México independente. Assim que a Califórnia e todo o sudoeste foram tomados pelos Estados Unidos, os habitantes mexicanos foram espoliados dos seus vastos ranchos e tratados como uma classe inferior, ou como intrusos, ou ambas as coisas, apesar de seus nomes terem permanecido em muitos lugares, nomes de santos e de rancheiros.

Logo a norte e a oeste do nosso bairro ficava o imenso distrito do cemitério do século XIX de onde os mortos foram despejados às dezenas de milhares, do início até meados do século XX, para que a terra pudesse ser utilizada de maneira mais lucrativa. Os esqueletos foram empilhados em valas comuns em outras cidades mais ao sul, as lápides utilizadas como material de construção e entulho para aterros; um parque logo ao sul da minha casa tinha o meio-fio revestido com pedaços de lápides, algumas com as inscrições ainda legíveis. Um pouco mais para o leste ficava o bairro japonês onde, durante a guerra, quase todos os descendentes de japoneses foram levados à força para os campos de concentração; suas casas vazias logo foram ocupadas por operários e famílias negras que migravam em busca de trabalho nas docas e outros empregos do tempo da guerra. Tudo isso estava no passado do bairro quando cheguei, apesar de eu só ter ficado sabendo dessas coisas muito depois.

Minha primeira visita ao prédio e o encontro com o sr. Young ocorreram cinco dias depois da posse de Ronald Reagan. O país, após atingir seu ponto máximo de igualdade econômica, havia votado em alguém que iria inverter a direção das coisas — barrar o progresso dos negros, reconcentrar a riqueza na mão de uns poucos, desmantelar os programas que haviam ajudado tanta gente a ascender, criar uma multidão de desabrigados. Não demorou para que o crack chegasse a San Francisco e a outras cidades, e também ao nosso bairro e ao nosso quarteirão. Minhas próprias experiências naquela época com a sensação de potência e grandiosidade do destino que a cocaína produzia me fizeram pensar que talvez ela fosse sedutora especificamente como um antídoto para o desespero e a desolação trazidos por essa mudança de rumo — a droga que você consumia quando dava de cara com o muro construído para deixá-lo de fora. Havia outros muros — os muros da prisão atrás dos quais estavam alguns homens do bairro; para outros, as paredes das sepulturas. O Anexo Oeste era uma área de maioria negra, mas os corretores de imóveis e outros conseguiam arranjar ali espaços para brancos, em parte mudando os nomes, desbastando a identidade do lugar, à medida que a comunidade negra ia sendo empurrada para fora de uma cidade cada vez mais cara e elitista. (Mais tarde passei a compreender a gentrificação e o papel que eu mesma provavelmente desempenhei nesse processo, como uma branquela tornando o bairro mais palatável para outros branquelos com mais recursos; mas no início eu não tinha noção de que as coisas iriam mudar e de como tudo aquilo acontecia.)

As belas casas de madeira tinham sido construídas no fim do século XIX e início do XX, com toda a ornamentação exuberante da época: grandes janelas se projetando para fora, pilares, corrimãos de ferro batido, ornamentos de gesso, muitos deles com motivos botânicos, telhas tipo escama de peixe, varandas emolduradas por arcos de madeira, pequenas torres no telhado, até mesmo um ou outro domo bojudo em forma de cebola. Casas repletas de curvas biomórficas e detalhes intrincados e excêntricos que as faziam parecer orgânicas, como se tivessem crescido ali, e não sido construídas. Certa vez, no parque nacional de Muir Woods, uma guarda-florestal comentou comigo que enxergava nessas estruturas as florestas de sequoias gigantes que tinham sido cortadas para construí-las; assim, aquelas altas florestas ao longo de toda a costa eram outra presença fantasmagórica.

Os materiais e o artesanato das construções originais eram magníficos, mas, ao chegar o pós-guerra, o êxodo dos brancos começou a levar uma população para os subúrbios de classe média e deixar entrar outras populações — gente não branca, imigrantes, pobres — nesses lugares, tratados como favelas pelos seus proprietários ausentes. Os ornamentos das casas foram arrancados, e colaram-se revestimentos de estuque ou plástico por cima da madeira; ou então se subdividiram em apartamentos menores, em geral construídos com materiais e técnicas de quinta categoria; muitas foram abandonadas, acabando dilapidadas e capengas.

"Área deteriorada" foi o código usado nos anos 1950 e 1960 para justificar a derrubada de muitas dessas construções a leste do nosso pequeno bairro, deixando feridas abertas na pele da cidade e em suas camadas de estruturas. Em certos locais foram erguidos lúgubres conjuntos residenciais, alguns tão alienadores e opressivos que acabaram sendo derrubados poucas décadas depois de construídos. Outros espaços no coração do distrito Fillmore, outrora a vibrante zona cultural que o sr. Teal gostava de recordar, continuaram sendo terrenos baldios durante a maior parte dos anos 1980, atrás de tapumes de proteção contra ciclones. Um lugar foi assassinado e nunca voltou plenamente à vida.

A mudança é a medida do tempo, como gosta de dizer meu amigo fotógrafo Mark Klett, e pequenas coisas mudaram. Quando cheguei havia um quiosque da Kodak numa esquina, na época em que as fotos eram tiradas com filme, e uma cabine telefônica com paredes de vidro na outra esquina em frente ao meu prédio, ao lado da loja de bebidas. Depois ela se tornou um telefone público com moedas, aparafusado à parede de madeira, debaixo de um telhadinho como uma tampa de fogão; e depois desapareceu por completo, com a proliferação do telefone celular.

A textura dessa vida de outrora parece difícil de transmitir nos dias de hoje: a solidão de alguém que perambulava pela cidade esperando chegar um ônibus ou um táxi, ou tentando encontrar uma cabine telefônica para chamar um táxi ou ligar para um amigo, discando um número que sabia de cor, ou perguntando à telefonista, ou procurando na lista telefônica com suas folhas amarrotadas, fininhas como um lenço de papel, se é que havia na cabine essa lista, com sua capa preta rígida pendurada por uma corrente de metal; alguém que saía para procurar o que queria em muitas lojas, antes da chegada da internet, que possibilitou encontrar exatamente o que se deseja sem precisar sair da cama, naquele tempo em que havia menos lojas de grandes redes e mais variedade. Éramos sujeitos às maravilhas e às frustrações do imprevisível, e éramos mais capazes de suportá-las porque o tempo avançava numa velocidade que só depois nos ficaria parecendo um fluxo suave, como um rio atravessando uma campina, antes da cachoeira da aceleração que haveria de levar nós todos de roldão. Estávamos preparados para encontros com desconhecidos; mais tarde a época digital passou a isolar muitos de nós disso tudo. Foi uma época tanto de contatos mais imprevisíveis como de uma solidão mais profunda.

Naquele tempo em que as coisas não eram tão caras, a excentricidade tinha diversos lugares onde se ancorar. Muitas lojinhas também funcionavam como pequenos museus dedicados a várias coisas — havia uma lavanderia perto da Castro Street com uma mostra de antigos ferros de passar, dispostos artisticamente; várias lojas expunham fotos antigas do bairro tal como fora muito tempo antes, e numa lojinha de esquina na Mission Street havia uma bola feita de elásticos, com mais de um metro de diâmetro, que ficava no chão de linóleo perto das batatas fritas. O Postcard Palace, na North Beach, vendia apenas velhos cartões-postais, em geral selados, escritos com a caligrafia segura da época, com mensagens misteriosas ou joviais, enviados por pessoas que haviam morrido fazia muito tempo para outras pessoas que haviam morrido muito tempo antes. Ainda conservo dezenas de cartões que comprei, alguns de cada vez, em geral em branco e preto, mostrando estradinhas de montanha, grotas e capelas, nas noites em que eu saía de um show de música punk e entrava ali para garimpar.

A cidade dava a sensação de uma coisa velha e amarrotada, com poeira e preciosidades enfiadas nas fissuras; depois foi bem alisada e bem varrida, e alguns dos seus moradores expulsos, como se eles próprios fossem o pó e a sujeira. Um brechó se transformou numa pizzaria fina, uma igrejinha virou um salão de cabeleireiro, uma livraria especializada em livros revolucionários se tornou uma boutique de óculos de marca, e muitos lugares viraram restaurantezinhos de sushi. A cidade ficou mais insossa, com mais lojas de grandes redes e mais automóveis, sem aqueles cartazes colados um por cima do outro nos postes telefônicos, sem as farmácias de família e estabelecimentos estranhos como se fossem antigos templos onde os sacerdotes continuavam celebrando os ritos mesmo que a congregação tivesse se mudado de lá.

Havia uma lanchonete na loja de conveniência Scully Owl, a uns dois quarteirões do meu apartamento, semelhante àquelas lanchonetes do Sul do país onde as pessoas se sentavam para protestar contra a segregação racial; depois a lanchonete desapareceu, em seguida a própria loja de conveniência desapareceu e depois, na virada do milênio, toda aquela região, com o armazém sindicalizado, a loja de bebidas, o açougue, a padaria, foi posta abaixo com escavadeiras para a construção de um supermercado de uma grande rede, com apartamentos nos andares de cima. Diversas cidades que tinham sido centros de trabalho operário e de manufatura de bens tangíveis viram esses setores morrerem no pós-guerra, mas sua morte não foi muito sentida quando novas metrópoles, baseadas na informação, nas finanças e no turismo, irromperam sobre essas ruínas — como foi o caso, espetacularmente, de San Francisco na década de 1980. Naquela época o Vale do Silício realmente fabricava chips de silício, em laboratórios esterilizados, contratando imigrantes e despejando as toxinas no ambiente; depois esses empregos foram exportados para outros países, a indústria da tecnologia começou a explodir como uma supernova e uma região que antes fora idílica, marginal, e às vezes uma exceção se tornou um poderoso centro no cenário mundial.

A mudança é a medida da passagem do tempo, e descobri que para se poder enxergar a mudança é preciso ser mais lento do que ela; morando no mesmo lugar durante 25 anos, ela se tornou visível para mim. Gradualmente. Não de início. As pessoas iam e vinham no edifício onde eu ia ficando pelos anos afora, e muitos desses moradores efêmeros imaginavam que estavam passando por um bairro estável, porém eram parte daquilo que estava fazendo a área mudar — um rio de gente invadindo o bairro como uma correnteza, tornando-o cada vez menos negro, cada vez mais classe média. Os que chegavam passavam a morar nos espaços que seu dinheiro conseguia pagar, não no bairro que pertencia a todos, e a vitalidade foi se esvaindo enquanto o bairro ia se tornando cada vez menos bairro.

3.

Meu edifício, uma estrutura de estuque dos anos 1920 em meio a todas aquelas mansões vitorianas de madeira, mais imponentes, tinha sua própria graça e seus encantos. Meu apartamento me divertia com seus equipamentos incorporados como se ele fosse minúsculo, quando a mim parecia tão espaçoso: uma tábua de passar roupa estreitinha, dobrável, que se encaixava na parede, uma cama também embutida na parede, que dominava todo o espaço quando desdobrada, de modo que eu a deixava sempre aberta dentro do que havia sido um closet espaçoso. Havia uma janela na cabeceira, uma porta ampla de um lado e outra no pé da cama, então era bastante arejado, considerando que era um armário; mas era um armário, e ali eu dormi durante 25 anos.

A pobreza pode ser uma grande conservadora do passado, e eu morava num lugar que fora muito pouco modificado desde a sua criação. As tábuas estreitas do assoalho, de madeira de lei amarelo-ouro, eram originais, assim como o aquecedor que soltava vapor e o conduto da lixeira na escadaria de trás, por onde o lixo despencava dois andares até um grande latão, e também uma antiga geladeira pequenina, já defunta, embutida numa parede da cozinha, ao lado das duas pias; na parede em frente, um balcão embutido e armários embutidos com portas de vidro, que se elevavam até o teto.

Um magnífico fogão antigo marca Wedgewood reinava sobre a cozinha, esmaltado em cor creme com detalhes em preto e o encanamento que fazia um ângulo reto com a parede. A chama piloto nunca funcionou enquanto morei lá, de modo que eu colecionava caixinhas de fósforos dos bares e restaurantes, na época em que era permitido fumar nesses lugares. Poder preparar minhas refeições num fogão, ter uma geladeira inteira só para mim pareciam um luxo depois de morar naquele apart-hotel onde eu não podia guardar comida nem cozinhar.

Eu era pobre. Catava móveis jogados na rua, comprava roupas de brechó e utensílios domésticos em bazares de caridade; naquela época dávamos valor às coisas velhas e, quanto ao aspecto estético, esse método combinava bem comigo. Tudo o que eu tinha em geral era mais velho do que eu, e isso me agradava muito; cada objeto era uma âncora para o passado. Eu ansiava por uma sensação de tempo, de história, mortalidade, profundidade, textura, que estivera ausente nos meus anos de formação num bairro de classe média recém-construído na Bay Area, com pais que tinham sido imigrantes urbanos e cuja história de vida lhes dera muito pouca sensação de ter uma linhagem, poucas histórias para contar, nada de relíquias de família. Meu trabalho como escritora por vezes consistiria em restaurar épocas passadas perdidas e esquecidas em lugares da Costa Oeste.

Encontrei um sofazinho vitoriano, estofado de veludo com tachas, numa venda de garagem, a caminho de uma manifestação no bairro Castro; os rapazes gays que o venderam por dez dólares fizeram a gentileza de carregá-lo escada acima depois que a passeata terminou. O sofá soltava no chão dejetos do seu estofamento antediluviano de crina de cavalo, como um cachorro velho com incontinência. Eu acumulava suvenires, tesouros e artefatos que aos poucos foram deixando o apartamento parecendo um excêntrico museu de história natural, com curiosos galhos e raminhos cobertos de líquen, ninhos de pássaros com seus caquinhos de ovos, galhadas de cervos, pedras, ossos, rosas mortas, um vidro cheio de borboletas de um amarelo cor de enxofre, trazidas de uma migração em massa em Nevada e, vinda do meu irmão mais novo, a cabeça de um cervo com sua galhada, que até hoje reina na minha casa.

Eu estava passando pela pobreza; depois haveria de voltar, gradualmente, a uma situação financeira melhor. Também na pobreza eu era uma forasteira recém-chegada, mas os anos que passei nela foram suficientes para captar um pouco de como ela funciona e o que faz com a pessoa. Em outro sentido, a pobreza como pobreza de espírito sempre estivera ao meu redor, desde que nasci. Meus pais tinham adquirido um profundo sentimento de necessidade durante a Grande Depressão, ou devido às privações da infância, quaisquer que fossem, e não tinham interesse em compartilhar seus confortos de classe média. Eu não confiava neles para me pagar uma fiança se alguma coisa de fato horrível viesse a me arruinar, e nunca me dispus a desmoronar o suficiente para descobrir se iam pagar ou não, de modo que não me deixei cair numa situação de indigência como fizeram muitos jovens brancos ao meu redor, que podiam sair da pobreza por opção, tão facilmente como haviam entrado nela por opção. Eu também saí, porém lentamente, e pelos meus próprios esforços. E também, como vim a compreender melhor mais tarde, devido às vantagens vinculadas à minha cor e à minha origem, que me faziam sentir-me capaz, perante mim mesma e também aos olhos dos outros, de ter uma educação universitária e uma profissão liberal.

Eu lia livros em pé nas livrarias, ou pegava emprestados das bibliotecas, ou procurava durante meses e anos até encontrar um exemplar usado, o mais barato possível; ouvia música no rádio e gravava fitas cassete de discos na casa dos amigos; esticava um olho comprido para uma série de coisas e me sentia provocada, picada e incomodada pelas promessas que as coisas fazem — que esse par de botas ou aquela camisa vão fazer você ser aquela pessoa que você precisa ser ou quer ser, que aquilo que está incompleto em você é um buraco que pode ser preenchido com objetos, que as coisas que você tem são eclipsadas pelas coisas que você deseja, que "querer" pode ser resolvido por "ter", ter além do que é essencial.

Eu sempre queria algo mais, alguma outra coisa, e se conseguia aquilo, passava a querer a próxima coisa, e sempre havia algo para querer. Essa ânsia me corroía. Eu queria tudo com tanta intensidade, com um desejo tão afiado que me dilacerava, e em geral o processo de desejar ocupava muito mais tempo e espaço na imaginação do que a pessoa real, ou o lugar ou a coisa real; ou então a coisa imaginária tinha mais poder do que a real. E logo que eu possuía essa coisa o anseio morria — o anseio que tinha sido tão vivo — e então surgia de novo, ávido, buscando a próxima coisa. É claro que com amantes e namorados, a incerteza era capaz de manter o anseio sempre vivo (e com os homens mais confiáveis e mais bondosos, isso se metamorfoseava naquele outro tipo de ligação que chamamos de amor).

Mais do que qualquer outra coisa, eu queria uma transformação não da minha natureza, mas sim da minha condição. Eu não via bem para onde queria ir, mas sabia que queria me distanciar de onde tinha vindo. Talvez não fosse tanto uma questão de ansiar por algo, mas sim o oposto — aversão e fuga, e talvez por isso caminhar era tão importante para mim: me dava a sensação de que eu estava indo para algum lugar.

Tive, porém, bem cedo, uma visão de como seria uma vida que vale a pena viver. Na adolescência, quando li os diários de Anaïs Nin, suas lembranças da vida parisiense entre as duas guerras me deram imagens de espaços capazes de abrigar profundezas e explorações na conversa, de vidas que se entrelaçavam em polinização cruzada, do calor de ser envolvida por amizades ardentes. Muitos anos depois, quando amigos se reuniam na minha cozinha em volta da mesa de pernas cromadas e tampo de linóleo, a historiadora radical Roxanne Dunbar-Ortiz, uma das convidadas, concordou comigo que era disso que tínhamos fome na nossa juventude solitária. (E muitos anos depois, fiquei consternada ao descobrir que Anaïs Nin havia deixado seu marido banqueiro de fora dos seus diários publicados, apresentando-se como uma figura mais boêmia, com uma existência mais precária do que realmente tinha sido.)

Ao lado do fogão havia duas grandes pias, a da esquerda uma pia de cozinha comum, e a da direita uma pia mais funda para lavar roupa que eu cobri com a travessa do velho escorredor de pratos de metal esmaltado pertencente à mobília original do apartamento; aquela pia funda e escura debaixo da travessa ficava fétida, de modo que eu tinha que levantar a tampa e esfregar tudo de vez em quando. No passado, mulheres haviam lavado roupas nessa pia, e nos primeiros anos em que morei ali ainda havia uma espécie de gaiola de madeira para secar roupa na laje do edifício, acima do último lance de escadas, onde os degraus faziam barulho com as pedrinhas que vinham da cobertura de manta asfáltica.

O piso original da cozinha, de linóleo amarelo e verde, era tão gasto e cheio de rachaduras granulosas que era impossível manter limpo, de modo que o pintei de preto e depois repintei diversas vezes à medida que ia se desgastando. Mas a luz se filtrava pela cozinha em todas as manhãs de sol e entrava pela grande janela da sala, virada para o leste, e se enfiava pela outra janela que dava para o sul durante o dia todo no inverno. Essa última janela dava de frente para um semáforo na Fulton Street, e às vezes eu sentava ali meio hipnotizada, observando o nevoeiro que vinha rolando numa cascata gigantesca, fantasmagórica, debaixo do semáforo, empurrado pelo vento desde o frígido oceano de onde havia surgido.

Ou então eu ficava deitada na cama ouvindo, na calada da noite, as sirenes de alarme de nevoeiro buzinando ao longe. Acordando no meio da noite, no centro de uma cidade, num bairro bem central, esses alarmes me carregavam para as margens e mais além ainda, me levavam até o mar, o céu e o nevoeiro. Eu ouvia essas buzinas muitas vezes, e na minha lembrança esse som parece quase um correlativo daquele estado do meio da madrugada, nem bem acordado, nem bem dormindo, com a mente vagando por aí, mas o corpo imobilizado pela gravidade jupiteriana do sono. As buzinas me chamavam como se eu fosse um navio perdido, não para me levar de volta para casa, mas para me fazer lembrar que havia o oceano e o ar mais além, e que até mesmo ali, na cama dentro do armário, eu estava conectada com tudo isso.

Morei lá durante tanto tempo que eu e aquele apartamentinho fomos crescendo um dentro do outro. No início ele não tinha quase nada e dava a sensação de ser vasto; no final estava abarrotado de livros, com muitas caixas de papéis debaixo da cama, e dava a sensação de ser atulhado. Na minha memória ele parece tão lustroso como o interior de uma concha de madrepérola, como se eu fosse um caranguejo eremita que tivesse encontrado um abrigo especialmente charmoso; até que, como soem fazer os caranguejos, cresci tanto que fiquei maior que a concha.

Já faz doze anos que saí de lá e ainda consigo visualizar cada detalhe, ainda imagino às vezes que estou abrindo o armário dos remédios ali e não o da minha casa atual; ainda dei o endereço da

Lyon Street para um motorista de táxi automaticamente quando voltei a andar por aquelas ruas, até lembrar que já não morava lá havia muitos anos; daí disse o endereço que veio depois daquele e, por fim, o endereço atual, que nunca ficará marcado na minha psique como ficou aquele lugar. Quando eu morava lá, muitas vezes sonhava com a rua que passava pela minha casa de infância, depois virava uma estrada rural e terminava numa pastagem para cavalos — a estradinha de onde eu me esgueirava pelas cercas de arame farpado para muitas aventuras; agora, porém, sonho com aquele pequeno apartamento da Lyon Street como meu lugar básico, fundamental, do mesmo modo como antes sonhava com aquela estradinha rural.

Quando morava no apartamento, sonhei muitas vezes que encontrava outro aposento ali, outra porta. De certa forma, o apartamento era eu e eu era o apartamento; assim essas descobertas eram, naturalmente, outras partes de mim mesma. Sonhei muitas e muitas vezes com minha casa de infância como um lugar em que eu estava aprisionada; o apartamento, porém, não me prendia, mas sim me abria possibilidades. Nos sonhos ele era maior, tinha mais aposentos, tinha lareiras, câmaras ocultas, belezas que não existiam na vida da vigília; certa vez, a porta dos fundos se abriu para campinas radiantes, em vez do triste amontoado de tralhas que na realidade havia ali.

Outrora as paredes da cozinha tinham sido recobertas com um papel de parede plastificado com desenho de tijolos, e como a junção das folhas aparecia através da tinta branca na parede atrás do fogão, certo dia eu o arranquei fora. Foi como desgrudar os curativos de um ferimento. O papel saiu em grandes folhas, tirando junto a camada que havia por baixo — outro papel de parede, mais antigo e mais bonito, com desenho de folhagens entrelaçadas. Quando vi esse desenho floral marrom-claro, senti a presença vívida das pessoas que haviam morado lá antes de mim

— mais fantasmas, de outras épocas, de antes da guerra, quando o bairro era outro tipo de lugar, com outro tipo de gente, em outro tipo de planeta.

Sonhei então que estava fazendo isso, e na versão do sonho eu revelava uma densa colagem de páginas de jornais e revistas e retalhos de tecido, muitas imagens florais, todas em tons de rosa, luxuriantes e estranhas, um jardim de retalhos. No sonho eu sabia que aquilo era lembrança de outra mulher que estivera ali antes de mim, uma idosa negra com o dom de criar.

O edifício ficava perto do centro da cidade e, quando penso nele agora, eu vejo-o como o eixo em torno do qual gira a agulha de uma bússola, um lugar que se abria para as quatro direções. Não fiz ali um lar; foi ele que me fez, enquanto eu observava e por vezes me unia a diversas comunidades, perambulava milhares de quilômetros a pé pela cidade ao longo dos anos, às vezes seguindo rotas familiares até os cinemas ou livrarias ou mercearias, ou indo para o trabalho, às vezes partindo para descobertas, quando subia as colinas, às vezes buscando um alívio de toda aquela densidade e torvelinho quando ia até Ocean Beach, onde lembrava que era ali que muitas histórias chegavam ao fim e, do outro lado do vasto oceano Pacífico, outras histórias começavam.

O oceano revolto e a longa praia de areia eram outro tipo de lar e outro tipo de refúgio, na vastidão que colocava meus problemas e minha angústia em proporção em relação ao céu, ao mar, ao horizonte longínquo, às aves que passavam voando. O apartamento era meu refúgio, minha incubadora, minha concha, minha âncora, meu ponto de partida, e um presente de um estranho.

A VIDA EM TEMPOS DE GUERRA

1.

Uma amiga me deu de presente uma mesinha pouco depois que me mudei para o apartamento, uma pequena escrivaninha ou penteadeira feminina, e é nela que escrevo agora. É um móvel vitoriano gracioso, com quatro gavetinhas, duas de cada lado, e uma gaveta central mais larga acima do espaço onde ficam minhas pernas, e vários tipos de ornamentação — pernas torneadas, cada uma com uma protuberância como um joelho, outros ornamentos salientes, a parte inferior das gavetas com acabamento entalhado, puxadores de gaveta em formato de pingentes ou lágrimas.

Há dois pares de pernas na frente e dois atrás, sob as gavetas laterais. Apesar de todos esses floreios, essa velha escrivaninha é fundamentalmente robusta, uma besta de carga de oito pernas cujo dorso já carregou muitas coisas ao longo das décadas, ou então duas bestas de carga lado a lado, unidas pela canga do tampo da mesa. Essa escrivaninha já se mudou junto comigo três vezes. É a superfície onde já escrevi milhões de palavras: mais de vinte livros, resenhas, ensaios, cartas de amor, milhares de e-mails para a minha amiga Tina durante os anos do nosso intercâmbio epistolar quase diário, centenas de milhares de outros e-mails, alguns panegíricos e obituários, inclusive dos meus pais, a escrivaninha em que fiz os deveres de casa de estudante e depois de professora, um portal para o mundo e minha plataforma para estender as mãos para fora e também mergulhar para dentro.

Mais ou menos um ano antes de me dar a escrivaninha, minha amiga levou quinze facadas de um ex-namorado como castigo por tê-lo deixado. Ela sangrou quase até morrer; recebeu transfusões de emergência; ficou com longas cicatrizes pelo corpo todo, que na época eu vi sem ter nenhuma reação porque, qualquer que fosse minha capacidade de sentir, ela fora abafada, talvez quando me acostumei com a violência na casa dos meus pais, talvez porque era algo que supostamente devíamos aceitar como um fato da vida, com equanimidade e com uma atitude descomprometida, naquela época em que poucas de nós tínhamos palavras para falar sobre tal violência, ou um público pronto para ouvir.

Ela sobreviveu; embora vítima, foi considerada culpada pelo ocorrido, como era tão comum na época; não houve nenhuma consequência legal para o quase assassino; ela se mudou para longe de onde tudo aconteceu; trabalhou para uma mãe solo que foi despejada e lhe deu a mesinha como pagamento no lugar do salário; e deu, então, a mesinha de presente para mim. Ela seguiu em frente e perdemos o contato por muitos anos; depois o restabelecemos e ela me contou a história toda, uma história capaz de fazer o coração queimar e o mundo congelar.

Alguém havia tentado silenciá-la. Ela me deu, então, uma plataforma para a minha voz. Agora fico pensando se talvez tudo que já escrevi não será um contrapeso para aquela tentativa de reduzir uma jovem a nada. Tudo isso surgiu, literalmente, dessa base que é o tampo da escrivaninha.

Sentada a essa escrivaninha para escrever tudo isso, procurei o arquivo on-line de fotos da cidade mantido pela biblioteca pública, na esperança de recordar um pouco como era o antigo bairro. A quarta fotografia da rua onde morei, datada de 18 de junho de 1958, mostra uma casa a um quarteirão e meio de distância com a legenda: "Passantes curiosos olham um beco junto ao número 438 da Lyon Street, onde o corpo de Dana Lewis, de 22 anos, nua exceto por um sutiã preto, foi encontrado hoje. A polícia, após um exame preliminar, disse que as marcas no pescoço da vítima indicam que ela pode ter sido estrangulada com uma corda". Fica claro que sua morte é um espetáculo também para o jornal, que a descreve em termos excitantes, enquanto os passantes são descritos como curiosos, e não consternados ao ver o cadáver.

A jovem também era conhecida como Connie Sublette, e descobri que sua morte recebeu muita atenção dos jornais na época. De modo geral, os relatos culpavam a própria Connie pela sua morte, porque era uma jovem boêmia, sexualmente ativa e bebia. MARINHEIRO DESCREVE ASSASSINATO CASUAL, dizia uma manchete, com o subtítulo VÍTIMA ERA UMA PLAYGIRL. Outra manchete dizia ASSASSINATO ENCERRA A VIDA SÓRDIDA DE UMA PLAYGIRL, em que *sórdida* parece significar que ela tinha uma vida sexual, tinha aventuras e tristezas, e *playgirl* significa que ela mereceu. Sua idade aparece como vinte ou 24. Dizia ainda que o ex-marido de Dana Lewis ou Connie Sublette morava no número 426 da Lyon Street, onde ela foi buscar apoio depois que seu namorado, um músico, morreu ao cair da janela numa festa.

Al Sublette não estava em casa ou não atendeu à porta; assim ela ficou chorando nos degraus da frente da casa até que o senhorio a mandou embora. Foi então que um marinheiro, segundo ele próprio relatou, se ofereceu para chamar um táxi para ela, mas em vez disso a matou. Os jornais parecem ter aceitado a palavra dele de que o assassinato fora um acidente e que ela, embora arrasada com a perda do namorado, concordara em fazer sexo com ele em um beco. GAROTA BEATNIK ASSASSINADA POR MARINHEIRO

EM BUSCA DE AMOR, dizia uma manchete, como se estrangular alguém fosse uma parte comum da busca pelo amor. "Ela tinha um brilho no olhar e queria sair o tempo todo", disse seu ex-marido. Allen Ginsberg, que tirou fotos de Al Sublette mas não dela, mencionou sua morte, sem fazer comentários, numa carta para Jack Kerouac de 26 de junho de 1958. Ela era conhecida, porém não foi digna de luto.

Eu não sabia o que acontecera no número 438 da Lyon Street, mas sabia que a poeta e memorialista Maya Angelou havia morado não longe dali na adolescência, pouco depois do final dos cinco anos de mudez que foram sua reação ao ser estuprada repetidas vezes aos oito anos de idade. E eu sabia também da existência do apartamento a alguns quarteirões do meu na outra direção, no número 1827 da avenida Golden Gate; foi ali que Patty Hearst, de dezenove anos, herdeira de um império de jornais, foi trazida dentro de um grande latão de lixo depois de sequestrada pelo Exército Simbionês de Libertação, um pequeno grupo delirante pretensamente revolucionário, no início de 1974. Segundo ela, ficou amarrada e com os olhos vendados durante semanas dentro de um armário nesse apartamento, e em outro antes disso, sendo estuprada por dois de seus sequestradores. Essas duas histórias acabaram chegando aos noticiários. A maioria, porém, nunca chegou, ou então eram algumas linhas nas últimas páginas.

Algumas dessas histórias eu testemunhei. Certa vez, tarde da noite, vi pela janela do meu apartamento um homem com uma enorme faca na mão acuando uma mulher na porta da loja de bebidas do outro lado da rua. Quando um carro de polícia veio passando silenciosamente e os policiais o pegaram de surpresa, ele deixou cair a faca na calçada e disse, quando a lâmina de aço bateu no concreto: "Tudo bem. Ela é minha namorada".

O escritor Bill deBuys começa um livro com esta frase: "Uma espécie de esperança reside na possibilidade de enxergar alguma coisa, um fenômeno ou uma essência, tão plenamente, com tanta clareza, que a luz dessa compreensão ilumina o restante da vida". Ele então começa pela escrivaninha de pinho em que está escrevendo e vai viajando a partir da descrição da cor e do grão da madeira até as árvores e as florestas, e prossegue até o amor, a perda, a visão de vários lugares. É uma bela viagem. Consigo imaginar muitas florestas aonde eu gostaria de ir partindo da minha própria escrivaninha, feita de árvores que devem ter sido cortadas antes do nascimento das minhas avós; e preferiria fazer essas viagens a entrar no assunto da violência de gênero.

Mas a escrivaninha diante da qual me sento me foi dada por uma mulher que um homem tentou assassinar, e parece que já é hora de contar o que significou para mim ser criada numa sociedade em que muitos preferiam que pessoas como eu estivessem mortas ou em silêncio, e como eu consegui uma voz, e como chegou, por fim, a hora de usar essa voz — uma voz que ficava mais articulada quando eu estava sozinha a essa mesa falando por meio dos meus dedos, em silêncio —, hora de usar essa voz para tentar contar as histórias que tinham ficado sem contar.

As memórias, em sua forma mais convencional, são histórias de superação — um arco que vai terminar numa vitória final, com problemas pessoais a serem resolvidos por meio da evolução pessoal e uma firme determinação. O fato de que muitos homens desejaram e ainda desejam agredir e ferir mulheres, especialmente as jovens, o fato de que muita gente sente prazer com essas agressões, e que muitas outras pessoas descartam a importância delas, me impactou de uma maneira profundamente pessoal; mas a cura não foi pessoal. Não havia nenhum ajuste que eu pudesse fazer na minha psique ou na minha vida que tornasse esse problema aceitável ou inexistente; e não havia aonde ir para deixá-lo para trás.

Os problemas estavam inseridos na sociedade e talvez no mundo em que eu me encontrava; e a tarefa de sobreviver também era a de compreender a situação e de trabalhar para transformá-la — para todos, não só para mim. Havia, porém, maneiras de quebrar o silêncio que é parte integrante dessas tribulações — era a rebelião, era o despontar para a vida e assumir o poder de contar histórias, as minhas e as de outras pessoas. Uma floresta de histórias, em vez de árvores isoladas; e escrever seria traçar alguns caminhos entre elas.

2.

Aquilo parecia estar por toda parte. E ainda está. Você pode ser atingida de leve — por insultos e ameaças que a fazem lembrar que não está segura, nem é livre, nem é dotada de certos direitos inalienáveis. Ou então ser atingida com força por um estupro, ou com mais força ainda por um estupro-sequestro-tortura-encarceramento-mutilação, ou com mais força ainda por um assassinato; e a possibilidade da morte está sempre pairando sobre as outras agressões. Eles podem te apagar um pouco, de modo que haveria menos de você — menos confiança, menos liberdade; ou seus direitos podiam ser corroídos, seu corpo invadido de modo a ser cada vez menos seu; alguém podia passar uma borracha e apagar você completamente; e nenhuma dessas possibilidades parecia muito remota. Todas as piores coisas que já aconteceram com outras mulheres, por serem mulheres, podem acontecer também com você, porque você é mulher. E mesmo que não a matassem, matariam algo que há em você: seu senso de liberdade, de igualdade, de autoconfiança.

Minha amiga Heather Smith comentou recentemente que as

moças jovens são instigadas a "nunca parar de imaginar o seu assassinato". Desde a infância, somos instruídas a não fazer certas coisas — não ir ali, não trabalhar acolá, não sair a tal hora, não conversar com tais pessoas, não usar tal vestido, não tomar tal bebida, não participar das aventuras, da independência, da solidão; abster-se era a única forma de segurança oferecida para escapar da carnificina. Naquela fase, no final da adolescência e início dos meus vinte anos, eu sofria assédio sexual constante na rua e às vezes também em outros lugares, apesar de a palavra *assédio* não transmitir toda aquela sensação ameaçadora e onipresente.

O ex-fuzileiro naval David J. Morris, autor de um livro sobre transtorno de estresse pós-traumático, observa que o TEPT é muito mais comum — e muito menos tratado — nas sobreviventes de estupro do que nos veteranos de guerra. Ele me escreveu: "As conclusões da ciência sobre o assunto são bem claras: de acordo com o *New England Journal of Medicine*, há cerca de quatro vezes mais probabilidade de um estupro resultar em TEPT diagnosticável do que um trauma de guerra. Pense nisto por um momento: ser estuprada é quatro vezes mais perturbador, do ponto de vista psicológico, do que ir para a guerra e levar um tiro ou uma explosão de granada. E como atualmente não há nenhuma narrativa cultural longeva que permita a uma mulher considerar sua sobrevivência ao estupro como algo heroico ou honroso, o potencial para uma lesão psicológica duradoura é ainda maior".

Numa guerra, as pessoas que tentam matar você geralmente estão do outro lado. No feminicídio, elas são os maridos, namorados, amigos, amigos de amigos, homens na rua, colegas de trabalho, caras numa festa ou na residência estudantil; e, na semana em que escrevo isto, também o cara que chamou um carro por aplicativo, esfaqueou e matou a motorista grávida; e também aquele que entrou num banco e matou cinco mulheres; e ainda o cara que atirou na jovem que lhe deu guarida quando os pais dele o expulsaram de casa — isso para citar apenas alguns exemplos da matança que chegaram até o noticiário. Morris chama o TEPT de "viver à mercê das suas piores lembranças". Mas ele também sugere que a guerra, sendo uma atmosfera onde se vive com medo de ataque, mutilação, aniquilação, e onde as pessoas ao seu redor de fato sofrem esses horrores, pode deixar uma pessoa traumatizada mesmo que fique intocada fisicamente; e esse medo pode persegui-la por muito tempo depois de terminada a causa. Em geral, quando as pessoas escrevem sobre a violência de gênero, descrevem o trauma como causado por um evento ou um relacionamento horrível e excepcional, como se alguém de repente levasse um tombo e caísse no mar. Mas e se você estiver nadando nesse mar durante a vida toda, sem terra firme à vista?

Legiões de mulheres estavam sendo assassinadas — em filmes, canções, romances e no mundo real; e cada morte era uma pequena ferida, um pequeno peso, uma pequena mensagem: aquela mulher poderia ser eu. Certa vez conheci um monge budista que carregava pequenas moedas que os devotos lhe davam; de moeda em moeda eles o deixaram sobrecarregado, até que acabou arrastando dezenas de quilos de mágoas e tristezas, tilintando sem parar. Também nós, as jovens, carregávamos aquelas histórias de terror como um peso secreto, como grilhões se arrastando por toda parte aonde íamos. Seu clangor nos dizia, sem trégua, sem cessar: "Podia ser você". Por essa época dei de presente a única televisão que já possuí, uma pequena TV em branco e preto que foi da minha avó materna na sua casa de repouso; decidi me desfazer dela pouco depois de uma noite em que liguei essa TV, fui mudando de canal e vi em cada um, em todos os canais, uma jovem sendo assassinada. Podia ser eu.

Eu me sentia cercada, caçada. Repetidas vezes, mulheres e meninas eram atacadas não por algo que tivessem feito, mas porque estavam disponíveis quando algum homem quis — *castigar* é o verbo que me vem à mente, embora o motivo do castigo fique pairando no ar. Não puni-las devido a *quem* elas eram, mas sim pelo *que* elas eram. O que nós todas éramos. Mas, na verdade, devido a quem *ele* era, um homem que tinha o desejo de atacar as mulheres e acreditava que tinha esse direito. Para demonstrar que o poder dele era tão ilimitado quanto a impotência dela. Nas artes, a tortura e a morte de uma mulher bela ou jovem ou ambas as coisas são sempre retratadas como algo erótico, excitante, gratificante; assim, apesar da insistência dos políticos e da mídia de que os crimes violentos são cometidos por gente das margens da sociedade, esse desejo foi preservado e consagrado em filmes de Alfred Hitchcock, Brian De Palma, David Lynch, Quentin Tarantino, Lars von Trier, em tantos filmes de terror, e em tantos outros filmes e romances, e depois nos video games e *graphic novels* em que um assassinato com detalhes escabrosos ou um cadáver feminino eram clichês usadíssimos nos enredos, e também objetos estéticos. A aniquilação dela era a realização dele. Para o público-alvo, aparentemente isso era erótico, já que na vida real as mulheres continuam sendo assassinadas no decurso de crimes sexuais, e o medo de um ataque, de um estupro, é também o medo de uma morte violenta.

 O que me fazia lembrar que eu não era, nós não éramos o público-alvo dessas obras de arte, incluindo algumas louvadas como obras-primas e consideradas canônicas. Às vezes o protagonista masculino protegia uma mulher, em especial uma bela jovem branca, contra outros homens, e ser o protetor era uma faceta do seu poder; porém o destruidor continuava sendo a outra faceta, e qualquer das duas colocava o destino da jovem nas mãos dele. O homem protegia aquilo que era seu, que ele tinha o direito de proteger ou destruir; e às vezes o enredo girava sobre o seu pesar por não ter conseguido proteger, ou sobre a vingança dele contra outros homens; e, às vezes, ele mesmo destruía a mulher, e a história continuava girando em torno dele.*

Ela estava morta ainda antes de ser um cadáver; era uma superfície, um satélite, um acessório. Nos quadrinhos, a morte violenta de uma mulher como um expediente para o enredo numa história focada em um homem era tão clichê que as mulheres criaram um termo para isso: "fridging" [colocar na geladeira], depois que um site de 1999, "Women in Refrigerators", documentou uma infinidade de finais macabros para personagens femininas. No mundo dos video games, as jovens que criticavam a misoginia nos jogos foram atormentadas durante anos com ameaças de morte, estupro e exposição on-line. Algumas, após ameaças detalhadas de ataques macabros, tiveram que mudar de casa e tomar precauções extraordinárias de segurança; isto é, tiveram que desaparecer. Proteger as mulheres contra a vigilância, as ameaças e os ataques on-line se tornou uma atividade primordial para mulheres feministas especializadas em segurança cibernética.

Enquanto escrevo estas linhas, surgem novos seriados de TV sobre terríveis torturas, assassinatos e desmembramentos de mulheres. Um deles flerta com o caso de Elizabeth Short, uma jovem de 22 anos torturada e morta em Los Angeles em 1947, que recebeu o nome indevidamente elegante de "Assassinato da Dália Negra"; outro é sobre Ted Bundy, torturador, estuprador e assassino

---

* O fato de homens na periferia da sociedade serem punidos por violência sexual, especialmente contra mulheres brancas, embora a punição não recaia sobre homens privilegiados e poderosos, é algo que reforça a hierarquia dos valores relativos. É uma hierarquia em que o que está sendo protegido não é a mulher em si, mas sim quem tem os direitos de propriedade sobre essa mulher (como ficava explícito em leis anteriores, que consideravam o estupro como uma invasão ou dano causado à propriedade de outro homem; e até os anos 1980 nos Estados Unidos, a lei reservava ao marido o direito de estuprar a esposa e quase nunca punia um homem branco por estuprar uma mulher não branca).

em série da década de 1970, interpretado por um ator jovem e belo. Está longe de ser o primeiro filme sobre Bundy, e o assassinato de Elizabeth Short em Los Angeles já gerou um verdadeiro nicho editorial. Quando Givenchy lançou seu perfume Dahlia Noir, anunciado com o slogan "a flor fatal", fiquei me perguntando se isso queria dizer que as mulheres deveriam aspirar a ter cheiro de cadáver mutilado. Mas até as músicas antigas estão repletas de estupros, assassinatos e ataques corporais violentos, assim como as canções pop, desde Johnny Cash até os Rolling Stones e Eminem.

As feministas do passado insistiam que o estupro é uma questão de poder, não de prazer erótico, embora existam homens para quem o seu próprio poder ou a impotência de uma mulher são a coisa mais erótica que se possa imaginar. E isso também ocorre com algumas mulheres; assim, aprendemos que nosso desamparo e nosso perigo de vida são eróticos, e podemos aceitar isso, ou rejeitar, ou lutar contra a noção de "eu" que isso cria e as narrativas que o acompanham. Jacqueline Rose escreveu em 2018: "O assédio sexual é a grande performance masculina, o ato pelo qual um homem tenta convencer o seu alvo não apenas de que é ele quem tem o poder — o que é verdade —, mas também que o seu poder e a sua sexualidade são uma coisa só".

Embora cada incidente que vivenciei tenha sido tratado como se fosse algo isolado, um desvio da norma, houve incontáveis incidentes, e todos ocorreram dentro do status quo, não contra ele ou fora dele. Falar a respeito deixava as pessoas constrangidas, e elas em geral reagiam me dizendo o que eu tinha feito de errado. Alguns homens já me disseram que gostariam que alguém os assediasse sexualmente; parecem incapazes de imaginar que isso não seja nada mais que convites agradáveis por parte de pessoas atraentes. Ninguém me ofereceu a ajuda de confirmar e validar aquilo que eu estava vivenciando, nem de concordar que eu tinha o direito de viver com segurança e liberdade.

Era uma espécie de *gaslighting* coletivo. Viver numa guerra que ninguém ao meu redor reconhecia que era uma guerra — sou tentada a dizer que isso me deixava louca; mas as mulheres já são muito acusadas de serem loucas, como forma de derrotar a sua capacidade de testemunhar a realidade, e a própria realidade tal como elas a testemunham. Além disso, nesses casos, "ser louca" costuma ser um eufemismo para um sofrimento insuportável. Assim, digamos que isso não me deixava louca; me deixava insuportavelmente ansiosa, preocupada, indignada e também exausta.

Eu tinha que escolher: ou renunciar, já de saída, à minha liberdade, ou me arriscar a perdê-la da pior maneira possível. Uma coisa que deixa uma pessoa louca é lhe dizer que as experiências que ela viveu não aconteceram na realidade, que as circunstâncias que a cerceiam são imaginárias, que os problemas estão todos na sua cabeça, e que se ela está angustiada é sinal de fracasso, pois o sucesso seria calar a boca ou então cessar de saber aquilo que ela sabe. Dessa situação insuportável surgem as rebeldes que escolhem o fracasso e o risco e as prisioneiras que escolhem a submissão.

Nos anos 1980 havia um movimento feminista a todo vapor, com muito a dizer sobre a violência contra as mulheres e até mesmo marchas de protesto, as chamadas Take Back the Night, contra essa violência; mas não estavam ao meu alcance na época. Eu era muito jovem, imersa em culturas incompatíveis com aquela que parecia ser de mulheres mais velhas, que falavam um idioma que eu ainda não havia aprendido. Elas estavam longe — a uma distância que acabei atravessando lentamente, depois que toda essa violência fez de mim uma feminista solitária. Escrevi sobre a violência contra mulheres numa reportagem de capa de uma revista punk em 1985; também escrevi em ensaios e críticas de arte nos anos 1990, e ainda num capítulo do meu livro *A história do caminhar*, de 2000, detalhando todos os obstáculos que as mulheres enfrentam ao sair caminhando pelo mundo.

Há um tipo de indignação que eu conheço bem, quando alguém sente que o mal que lhe fizeram foi ignorado, um tipo de trauma que faz o sofredor contar compulsivamente sua história não resolvida. Você conta e reconta até que alguém quebre essa maldição ao ouvir, realmente ouvir, e acreditar em você. Eu mesma já fui essa pessoa, com minhas experiências vividas em primeira mão; mas também é o que eu sentia quanto à violência contra as mulheres em geral.

Naquela época, quando isso tudo era tão pessoal, me disseram para me mudar para um bairro mais rico (embora alguns dos assédios mais malévolos que sofri tenham ocorrido em lugares assim); me aconselharam a comprar um carro, a gastar um dinheiro que eu não tinha tomando táxis, a cortar o cabelo, a me vestir de homem ou me apegar a algum homem, a nunca ir sozinha a lugar nenhum, a comprar uma arma, a aprender artes marciais, a adaptar-me a essa realidade, que era tratada como algo tão natural ou inevitável quanto o sol e a chuva. Mas não era o sol e a chuva, não era natureza; não era algo inevitável e imutável. Era a cultura, eram determinadas pessoas e um sistema que lhes dava essa latitude, um sistema que desviava o olhar, que erotizava esses acontecimentos, que os desculpava, ignorava, minimizava e banalizava. Para mim, mudar essa cultura e essas condições era a única resposta adequada. E continua sendo.

Poderia ter sido eu num momento em que meu destino não estava nas minhas mãos, meu corpo não era meu, minha vida não era minha; e assim fiquei pairando nesse limiar, assombrada por esses fantasmas de violência, durante anos — anos que modificaram a minha psique de várias maneiras que não terminariam nunca. E talvez fosse este o objetivo: me fazer lembrar que eu nunca seria totalmente livre. Essa violência atinge principalmente as meninas e jovens como um rito de iniciação, um lembrete de que, mesmo depois que ela deixa de ser um alvo frequente, continua vulnerável. Cada morte de uma mulher era uma mensagem para as mulheres em geral; e naqueles dias eu vivia atenta à minha sobrevivência, com uma espécie de pavor e choque ao descobrir que eu estava vivendo em plena guerra, uma guerra não declarada. Eu queria que ela fosse declarada, e eu mesma já a declarei várias vezes, da melhor maneira que consegui.

Na mídia e nas conversas educadas era de praxe fingir que os assassinos e estupradores eram marginais, eram "eles", e não "nós"; mas foi nessa época que um homem branco, vice-presidente de um banco, estrangulou uma profissional do sexo ainda adolescente na minha cidade, um subúrbio de classe média a menos de cinquenta quilômetros de San Francisco, enquanto sua esposa e filhas estavam num acampamento de escoteiras. Foi a época do Perseguidor Noturno e de um homem branco de meia-idade conhecido como Assassino das Trilhas, que estuprava e matava mulheres que caminhavam pelas trilhas nas montanhas da Califórnia, as mesmas onde eu caminhava; e havia ainda o Estuprador do Travesseiro, o Matador de Misses, o Assassino do Rio Verde, o Estuprador da Máscara de Esqui e muitos outros homens que massacraram mulheres de norte a sul na costa do Pacífico sem ganhar apelidos.

Dois ou três anos antes do início desta narrativa, uma fugitiva de quinze anos havia sido sequestrada e estuprada perto de San Francisco; o estuprador cortou fora seus braços, assumindo que ela morreria sangrando, jogada num bueiro. Ela sobreviveu para contar a história e conseguiu refazer sua vida. E ele matou outra mulher assim que saiu da prisão. Essa história não me saía da cabeça; também minha amiga que me deu a escrivaninha ficou obcecada por ela. Encontrei-a novamente em *Titus Andronicus*, de Shakespeare, quando Lavínia é estuprada; cortam-lhe as mãos e a língua para silenciá-la, mas ela consegue, mesmo assim, denunciar seu agressor. E encontrei-a mais uma vez na mitologia grega, quando o cunhado de Filomela, depois de estuprá-la, lhe corta a língua para fazê-la calar-se.

Já ouvi e li muitos relatos de mulheres que foram impactadas por um único ataque brutal; mas para mim, o pior horror é o fato de essa violência ser tão generalizada. Naquela época eu tinha uma sensação de pavor, uma sensação de que o futuro iminente do meu corpo poderia ser excruciante, pavoroso. Havia uma boca furiosa que queria me devorar, me reduzir a nada, e ela poderia se abrir praticamente em qualquer lugar do mundo.

# 3.

Eu nunca estivera em segurança, mas creio que o motivo do horror que me atingia era que durante alguns anos pensei que talvez eu pudesse estar, que a violência masculina fora contida na casa em que me criei, e assim eu podia deixar aquilo para trás. Certa vez escrevi que fui criada num mundo virado do avesso, onde todos os lugares, exceto a minha casa, eram seguros; e todos os outros lugares pareciam bastante seguros quando eu era criança, morando num loteamento onde o bairro ia dar no campo, onde eu podia perambular livremente, fosse na cidade ou na colina, ambas logo à minha porta. Eu ansiava por ir embora da casa dos meus pais e planejava isso desde criança, desde que tinha uma idade que ainda dava para contar nos dedos das mãos, sempre fazendo listas do que é preciso levar para fugir de casa. Depois que saí, nunca mais corri perigo dentro da minha própria casa; ela me dava a sensação de ser o único lugar onde eu estava em segurança.

Aos doze anos, aos treze, catorze, quinze, fui perseguida e pressionada a fazer sexo por homens adultos relacionados com meu círculo familiar e meu círculo social e fui alvo de assédio nas ruas em muitos lugares. Há ausências tão profundas que até a consciência dessa ausência está ausente; faltam coisas até nas nossas listas de coisas desaparecidas. Foi o que ocorreu com a voz com que eu poderia ter dito: *Não, não estou interessada, me deixe em paz* — mas só percebi isso recentemente.

Costumamos dizer que alguém foi "silenciado", o que pressupõe que alguém tentou falar, mas foi obrigado a se calar. No meu caso não houve um silenciamento porque nenhuma tentativa de falar foi calada; a fala nunca começou, ou foi calada há tanto tempo que não lembro como isso aconteceu. Na época, nunca me ocorreu falar alguma coisa para os homens que me pressionavam, porque nunca me ocorreu que eu tivesse autoridade para me afirmar dessa maneira, ou que eles tivessem qualquer obrigação ou inclinação para respeitar minhas afirmações, ou que minhas palavras teriam qualquer efeito além de piorar as coisas.

Tornei-me especialista em desaparecer, em me esgueirar, passar despercebida, me defender, me contorcer até me safar dos apertos, me esquivar dos abraços, beijos e mãos indesejadas, em ocupar cada vez menos espaço no ônibus, enquanto mais um homem vinha se espalhando e invadindo o meu lugar; especialista em me desembaraçar aos poucos, ou me ausentar subitamente. Especialista na arte da inexistência, já que a existência era tão perigosa. Era uma estratégia difícil de desaprender quando eu queria me aproximar de alguém diretamente. Como se pode ir ao encontro de alguém de braços e coração abertos, depois de décadas sobrevivendo por evasão? Com todas essas ameaças, era difícil confiar em alguém, parar um pouco e me conectar com alguém; e também me impedia de me mover livremente, como se tudo aquilo tivesse a intenção de me emparedar em casa sozinha, como uma pessoa prematuramente em seu caixão.

Caminhar era minha liberdade, minha alegria, meu meio de transporte acessível, meu método de compreender os lugares, meu modo de estar no mundo, meu modo de refletir sobre minha vida e meus textos, meu modo de me orientar. O fato de que caminhar podia ameaçar minha segurança era algo que eu não estava disposta a aceitar, apesar de que todos ao redor estavam dispostos a aceitar em meu nome. Seja uma prisioneira, insistiam eles alegremente; aceite sua imobilidade, fique atrás das paredes como um eremita! Mas eu era impelida a ir para algum lugar, em parte como um desejo metafísico de criar a minha vida, de me tornar, me transformar, de fazer, e viajar expressava, literalmente, essa paixão e liberava a pressão; eu jamais desistiria de caminhar. Era um meio de pensar, de descobrir, de ser eu mesma; desistir de caminhar significaria desistir de todas essas coisas.

Certo dia, quando eu passava por um pequeno parque logo a leste do meu bairro, um sujeito que eu nunca tinha visto na vida cuspiu em cheio na minha cara, sem parar de caminhar. Mesmo com outras pessoas por perto, eu estava sozinha: fui assediada mais de uma vez no ônibus indo para casa, enquanto todos fingiam que nada estava acontecendo, talvez porque também ficassem intimidados por um homem furioso, talvez porque naquela época as pessoas achavam que isso não era da conta delas, ou jogavam a culpa na mulher. Os homens me faziam propostas, exigências; se esforçavam para iniciar uma conversa e suas tentativas logo se transformavam em ataques de fúria. Eu não conhecia nenhuma maneira de dizer "Não, não estou interessada" que não fosse exasperante; assim, não havia nada a dizer. Não havia palavras que pudessem trabalhar a meu favor; assim, eu não tinha palavras.

Eu abaixava a vista, não dizia nada, evitava o contato visual, fazia tudo para ser ausente, discreta, insignificante, invisível e inaudível, com medo daquela escalada da fúria. Até meus olhos tinham que aprender a respeitar certos limites. Eu tentava me apagar ao máximo possível, pois "existir" significava ser um alvo. E aqueles homens tentavam conversar, às vezes aos gritos, com o meu silêncio. Eles gritavam que eu lhes devia palavras, obediência, respeito, serviços sexuais. Mas houve uma vez em que respondi a um homem que estava me seguindo — um homem branco, bem-vestido — com a mesma linguagem de baixo calão que ele estava usando contra mim; ele ficou genuinamente chocado e depois ameaçou me matar. Como isso aconteceu de dia, num bairro turístico, ele provavelmente não iria tentar; mas foi um alerta assustador para o que ocorre quando uma mulher decide reclamar.

Era como se o desejo deles fosse suplantado pelo ressentimento ou pela fúria de saber que o desejo não seria satisfeito, que as propostas seriam rejeitadas; e sabendo disso já com antecedência, o desejo e a raiva surgiam juntos, em propostas obscenas e desdenhosas, com palavras que demonstravam seu direito de dizer essas coisas e a minha impotência sofrendo os insultos. Aquela intensa raiva: era como se eles esperassem de mim que eu obedecesse a um estranho, como se qualquer mulher pertencesse a qualquer homem, como se todos os homens, qualquer um, fossem meus proprietários — qualquer pessoa, exceto eu mesma. As palavras: eles tinham uma superabundância e eu não tinha nenhuma, apesar de que no resto do tempo eu vivia para as palavras e pelas palavras.

Mesmo quando eu falava com outras pessoas, minhas palavras pareciam inúteis. Certa vez, tarde da noite, um homem enorme usando um agasalho de ginástica inflado pelos músculos me seguiu quando desci do ônibus — não o meu ônibus habitual, mas uma linha que naquela hora passava com mais frequência, atravessava outro bairro e me deixava mais longe de casa. Ele veio me seguindo bem de perto enquanto eu caminhava vários quarteirões. Quase chegando em casa, vi um segurança uniformizado e pedi ajuda, pensando que, afinal, esse era o trabalho dele. Quando me virei, vi o homem atrás de uma cerca; o segurança se virou mais devagar, disse que eu estava imaginando coisas e foi embora. O perseguidor reapareceu de trás da cerca. Mas consegui chegar em casa.

Em outra ocasião, depois de tomar esse mesmo ônibus, fui assaltada à noite naquela mesma rua — cercada por vários rapazes altos, um dos quais ficou prendendo meus braços enquanto eu gritava para os carros, que não paravam, imaginando que meus piores temores estavam prestes a acontecer. Assim se foi uma bolsa cheia de negativos e fotos para a aula de fotojornalismo, junto com outros trabalhos escolares. O professor de fotografia não acreditou em mim, e minha nota sofreu com um trabalho que improvisei às pressas, não tão bom quanto o que foi roubado. Eu estava treinando para ser jornalista, mas minha capacidade de atuar como repórter foi posta em dúvida. Mais uma vez as palavras me faltaram. E isso aconteceu muitas outras vezes. Depois de sofrer outro ataque, contei o fato ao meu chefe — um homem idoso, psiquiatra especializado em crianças — explicando por que eu não estava trabalhando bem aquele dia, mas percebi que ele ficou excitado eroticamente com meu relato do ataque. Minha amiga que quase foi assassinada também enfrentou depois essa mesma reação dos homens ao seu redor.

Muitas vezes me disseram que eu estava imaginando coisas, ou exagerando, que eu não era digna de crédito; e essa falta de credibilidade, essa falta de confiança na minha capacidade de relatar o que acontecia comigo e interpretar o mundo fazia parte da perda do espaço onde eu podia existir, da perda da minha confiança em mim mesma, da possibilidade de que houvesse um lugar para mim no mundo, e de que eu tivesse algo a dizer que merecesse consideração. Quando parece que ninguém mais confia em você, é difícil você mesma confiar; e se confia, você se coloca contra todos eles. Qualquer uma dessas opções pode fazer a pessoa se sentir louca e ser chamada de louca. Nem todo mundo tem espinha dorsal para aguentar isso. Quando seu corpo não é seu e sua verdade não é sua, o que, então, é seu?

Eu tinha 21 ou 22 anos quando fui a uma festa de réveillon na casa de amigos gays em Marin County, o mesmo condado por onde rondava o Assassino das Trilhas e o banqueiro homicida. Meu namorado da época estava fazendo a iluminação de um show, mas devia vir me encontrar à meia-noite. Ele se atrasou no trabalho e fiquei triste por não podermos comemorar juntos o Ano-Novo. Naquela época eu não tinha carro e não quis pedir carona a ninguém; assim, saí da festa bem depois da meia-noite e fui caminhando até a casa de minha mãe, a pouco mais de um quilômetro, onde eu poderia entrar em silêncio e dormir no sofá sem incomodar ninguém. Talvez ela não estivesse em casa; não me lembro dessa parte, mas o que aconteceu antes me marcou indelevelmente.

Enquanto eu caminhava, percebi que havia alguém atrás de mim. Eu me virei: era um homem grandalhão, de cabelo comprido e barba desgrenhada. Apertei o passo. Ele estava a menos de um metro atrás de mim, não a uma distância normal, e nós dois éramos as duas únicas pessoas andando a pé ali àquela hora. Era uma noite escura, e os arbustos entre as casas, todas de luzes apagadas, apareciam à minha frente, lançando sombras. Também a sombra dele e a minha iam aumentando e diminuindo debaixo dos postes de iluminação, e os faróis dos carros que passavam faziam cada sombra avançar, recuar, rodopiar.

Depois que me virei e o vi, ele começou a falar, despejando um falatório constante em voz baixa, dizendo que não estava me seguindo, que eu não devia confiar no meu próprio julgamento — enfim, um curso acelerado de manipulação psicológica, visando acabar com a minha capacidade de avaliar a situação e tomar uma decisão. Ele desempenhava muito bem aquilo tudo, e suas frases insinuantes deixavam desorientada a jovem que eu era então. Obviamente ele tinha muita prática nessa performance. Mais tarde fiquei me perguntando quanto mal ele já devia ter causado a outras mulheres, antes e depois desse dia.

O que torna uma moça jovem um bom alvo é também a maneira como ela duvida de si mesma e tenta apagar a si mesma. Se isso acontecesse comigo hoje, eu tentaria parar os carros, iria me postar no meio da rua, faria barulho, bateria nas portas, respeitaria a minha própria avaliação da ameaça e tomaria qualquer atitude que pudesse me livrar dela. Eu incomodaria alguém, incomodaria qualquer pessoa. Mas eu era jovem e treinada para não fazer barulho, não criar confusão, para deixar que os outros determinassem o que era aceitável, que determinassem até mesmo o que era real. Foi apenas muitos anos depois que parei de permitir que os homens me dissessem o que havia acontecido ou não.

Naquela alameda escura eu me comportei como se nada estivesse acontecendo, apesar de que atravessei a rua para ver se ele iria me seguir. Ele se grudou em mim como uma maldição. A caminhada parecia interminável; eu tinha esperança de chegar ao meu destino antes que ele atacasse; pensava que se eu não rompesse o impasse, ele também não romperia. Os carros passavam. As sombras rodopiavam. Atravessei a rua novamente. Ele me seguiu de novo. E mais uma vez. E mais uma vez. Por fim, alguns quarteirões antes do meu destino, um homem parou o carro, abriu a porta do passageiro e me ofereceu uma carona.

O perseguidor murmurou, bem de perto: "Você não sabe que entrar no carro de um desconhecido é a coisa mais perigosa que você pode fazer?". É claro que já tinham me dito isso muitas vezes, e eu hesitei.

Mas em seguida entrei.

O homem disse: "Passei por você lá atrás e pensei que não era da minha conta. Mas depois achei que parecia um filme de Hitchcock, então voltei".

Sou grata por um homem ter me salvado de outro homem. Mas eu bem que gostaria de não ter estado num filme de Hitchcock onde eu precisava ser salva.

Já fui seguida, já fui insultada aos berros, agarrada, assaltada e roubada; mais de uma vez, homens desconhecidos ameaçaram me matar, e alguns homens conhecidos também; outros continuaram me perseguindo desagradavelmente, muito depois que tentei desencorajá-los; mas, apesar de tudo isso, nunca fui estuprada. No entanto, muitas amigas minhas foram, e todas nós passamos nossa juventude tentando nos esquivar dessas ameaças, tal como faz a maioria das mulheres na maioria dos lugares. A coisa te pega mesmo que não te pegue. Durante todos esses anos venho observando as pequenas notícias relegadas às últimas páginas dos jornais, apenas um ou dois parágrafos, ou citadas rapidamente no rádio e na TV — são profissionais do sexo desmembradas, são crianças mortas, jovens torturadas e aprisionadas durante longos anos, são esposas e filhas assassinadas pelo marido ou pelo pai, e muito mais ainda, e cada caso tratado como um incidente isolado ou, pelo menos, como algo que não faz parte de nenhum comportamento típico que valha a pena mencionar. Eu liguei os pontos, enxerguei as conexões e percebi uma epidemia; falei e escrevi sobre essa situação geral — e esperei três décadas até que o assunto entrasse no debate público.

4.

A ameaça de violência passa a residir na sua mente. O medo e a tensão habitam seu corpo. Os que atacam obrigam você a pensar neles; invadem os seus pensamentos.

Mesmo que nenhuma dessas coisas terríveis aconteça com você, a simples possibilidade de acontecer e tudo ao redor que a faz lembrar disso, constantemente, acabam exercendo um impacto. Desconfio que algumas mulheres empurram tudo isso para algum cantinho da mente e decidem minimizar a realidade do perigo, de modo que este se torna uma subtração invisível de quem a mulher é e do que ela pode fazer. É algo não dito, algo impossível de ser dito.

Eu sabia o que estava se perdendo. E o peso daquilo me esmagava, naqueles anos em que eu estava começando, tentando criar a minha vida, ter uma voz, encontrar um lugar no mundo. Acabei conseguindo fazer tudo isso, porém mais tarde falei, brincando, que não ser estuprada foi o hobby mais intenso da minha juventude. Exigia considerável vigilância e cautela, motivando constantes mudanças de rota pelas cidades, bairros e lugares pitorescos na natureza, assim como pelos grupos sociais, pelas conversas e relacionamentos.

Pode-se pingar uma gota de sangue num copo de água límpida e a água continuará parecendo transparente; podemos pingar duas gotas, seis gotas, e em algum momento a água não será mais límpida, não será mais água. Quanto disso entra na sua consciência até que ela se modifique? O que isso faz com todas as mulheres que têm nos seus pensamentos uma gota, ou uma colher, ou um rio de sangue? E se for uma gota todos os dias? E se você estiver apenas esperando que a água límpida fique vermelha? Qual o resultado de ver pessoas como você sendo torturadas? Qual a perda da vitalidade, da tranquilidade, da capacidade de pensar e fazer outras coisas? E como seria conseguir tudo isso de volta?

Na pior fase, eu dormia com as luzes acesas e o rádio ligado, para parecer que ainda estava acordada. (O sr. Young me disse que vários homens já haviam passado por lá perguntando em qual apartamento eu morava; é claro que ele não lhes dizia, mas isso alimentava meu nervosismo.) Eu não dormia bem e continuo não dormindo. Eu era, como dizem as pessoas traumatizadas, "hipervigilante" e montei minha casa de modo que ela também parecesse hipervigilante. Minha carne se tornou quebradiça de tanta tensão. Eu olhava para os grossos cabos de aço que sustentam a ponte Golden Gate e pensava nos músculos do meu pescoço e dos meus ombros, que me pareciam igualmente tensos e rígidos. Eu me assustava facilmente e me encolhia toda quando alguém fazia um movimento súbito perto de mim.

Estou contando tudo isso não por achar que minha história é excepcional, mas sim porque é comum; metade da Terra está recoberta pelo medo e pela dor das mulheres — ou melhor, pela negação desse medo e dessa dor; e até que as histórias que estão por baixo dessa camada vejam a luz do sol, isso não vai mudar. Digo isso para notar que nós nem conseguimos imaginar como seria o mundo sem esse estrago, tão comum e onipresente; mas suspeito que seria um mundo deslumbrante de tão vivo, e uma autoconfiança exultante, hoje tão rara, seria comum, e um peso seria retirado da metade da população, um peso que já tornou tantas coisas mais difíceis, ou impossíveis.

Também digo isso porque quando escrevi sobre esse assunto de uma perspectiva geral, com a voz objetiva dos editoriais e das investigações de cena, não cheguei a transmitir a maneira como isso nos faz mal, ou melhor, como isso me fez mal. Há uma passagem no livro de Sohaila Abdulali sobre sobreviventes de estupro que fala sobre certa voz — "uma maneira de relatar a história como um arco suave; com naturalidade, com entonação, mas sem uma emoção verdadeira. [...] Podemos relatar muitos detalhes, mas deixamos de fora aqueles insuportáveis que ninguém quer ouvir". No meu livro sobre o caminhar, escrevi: "Foi a descoberta mais devastadora da minha vida — que eu não tinha um verdadeiro direito à vida, à liberdade e à busca da felicidade quando estivesse fora de casa; que o mundo estava cheio de homens desconhecidos que pareciam me odiar e desejavam me agredir por nenhum outro motivo além de eu ser mulher; que o sexo podia se tornar violento rapidamente e que quase ninguém mais considerava tudo isso um problema público, mas sim privado". Porém essas frases também não chegavam a penetrar fundo e transmitir o que havia dentro da minha cabeça.

O perigo fazia estrago nos meus pensamentos. Cenas de ataque surgiam espontaneamente, e às vezes eu as enfrentava imaginando vencer o combate, em geral por meio de golpes de artes marciais que não sou realmente capaz de executar; assim, eu matava para não ser morta, repetidamente, durante os anos mais terríveis daquela época, em cenas imaginárias que eram intrusivas, indesejadas, geradas pela ansiedade; era como viver numa casa mal-assombrada e uma maneira de tentar assumir o controle da perseguição desses fantasmas. Percebi então que obrigar você a pensar como um predador é uma das coisas que os predadores conseguem fazer com você. A própria violência havia penetrado dentro de mim.

Eu tinha maneiras mais etéreas de lidar com a coisa. Procurando por toda parte estratégias para a minha segurança, imaginei roupas de proteção; se imaginarmos uma vestimenta capaz de impedir um estrago, vamos imaginar uma armadura; e se você fosse eu, chegaria a essa tralha metálica medieval. Passei vários anos mergulhada no assunto; visitei armaduras em museus, li livros a respeito delas, imaginando estar dentro delas, desejando usá-las. No final desse período, uma amiga minha se tornou assistente de estúdio de uma artista nova-iorquina, Alison Knowles, cujo marido, Dick Higgins, era de uma família rica que fundara um museu dedicado às armaduras, o Higgins Armour Museum, em Worcester, Massachusetts. Escrevi uma carta perguntando se eu poderia contar com ele para experimentar uma armadura, tratando de tornar meu pedido alegre, cerebral, uma experiência interessante, e não uma fantasia nascida da minha agonia.

Nunca cheguei perto de armadura nenhuma, e era uma solução imaginativa, e não prática. Afinal, o que é uma armadura, se não uma gaiola que se movimenta junto com você? Mas talvez estar dentro dessa gaiola tivesse me libertado de alguma maneira. Ou talvez eu já estivesse numa armadura, ao mesmo tempo liberada e sufocada por ela: quando penso em quem eu era na época, e com frequência ainda sou, a superfície dura, reflexiva, defensiva da armadura me parece uma boa imagem. Há uma maneira de você colocar toda a sua consciência nessa superfície, ser espirituosa, vigilante, preparada para um ataque; ou apenas tão estressada que seus músculos travam e sua mente também. Esqueça suas profundezas de ternura, esqueça quanta coisa importante vive ali, sob a superfície e sob as superfícies. É fácil ser a armadura. Nós morreremos o tempo todo para evitar que nos matem.

Imagens de levitação também surgiam espontaneamente quando eu relembrava ou imaginava algum ataque; muitas vezes sonhava que estava voando, mas não estava pedindo a liberdade total do voo, apenas imaginando sair do alcance, pairar uns metros acima da cabeça do perseguidor. Já que eu não podia ter um corpo sólido, blindado, quem sabe poderia então ter um corpo etéreo, demasiado etéreo para participar dos conflitos na superfície da Terra?

Eu imaginava isso com tanta intensidade que até hoje consigo sentir e me visualizar subindo até o nível da luz da rua em frente ao meu apartamento, pairando ali no halo da lâmpada — eu dentro da noite, a salvo não só dos predadores como também das leis da física e das regras que governam o corpo humano; e, talvez, a salvo da vulnerabilidade de ser uma criatura mortal que tinha um corpo e vivia na Terra e do peso de todo aquele medo e de todo aquele ódio.

DESAPARECENDO ATÉ SUMIR

1.

Certa noite, quando eu era adolescente, saí caminhando pela Polk Street com a amiga que me deu a escrivaninha e uma amiga dela; andávamos pela parte baixa da rua, onde as luzes brilhantes dos velhos edifícios alegres, com seus bares e suas lojas abertas até tarde, davam lugar a prédios altos com fachadas neutras, que projetavam sombras mais longas; nessas sombras, crianças fugitivas iam se vender aos homens que compram crianças. Estávamos caminhando no escuro, e eu ia recitando o refrão de uma música que havia tomado posse de mim, que eu não conseguia tirar da cabeça, que tinha um poder que poderia ser o meu poder — então quem sabe fui eu que tomei posse da música, como um amuleto, um sortilégio, um combustível capaz de me percorrer inteira e fazer de mim algo invencível.

O refrão era de "Mercenaries (Ready for War)", de John Cale, roqueiro e músico de vanguarda, um dos fundadores do Velvet Underground. Devo ter ouvido no rádio, porque nunca comprei esse disco. Ao ler a letra, vemos que está cheia de desprezo pelos soldados, mas o ritmo e a voz dizem outra coisa. A crítica aos mercenários era a estrada de ferro, mas o poder era o trem ribombando sobre os trilhos — e a canção transmitia ambas as coisas. O estrondo da bateria e do baixo, o vocalista repetindo seu uivo furioso: "*Ready for war!*", esse era o poder do soldado, um desejo de guerra, uma hipervigilância que dava um barato de droga, era estar pronto para qualquer coisa, era uma armadura feita de atitude. Eu não desejava a guerra, mas já que havia uma guerra acontecendo, ou muitas, queria estar preparada para ela. Ou para todas elas. "*Just another soldier boy*" era outro refrão da música.

Eu não me imaginava como homem, mas num momento como esse, quando me sentia arrebatada por aquele poder, aquela onda de segurança e autoconfiança, também não me imaginava como mulher. Eu queria ser durona, invencível, irrefreável, e não tinha exemplos de mulheres que fossem assim. Mas eu me perdi no momento e na música; ser eu mesma, tal como me parecia na época, era estar fora desse poder, ou ser incapaz de alcançá-lo; era ser vulnerável, não no sentido de ter o coração aberto, mas sim de ser sujeita a ser agredida com violência. Creio que muitas garotas e mulheres jovens têm esse anseio — em parte o desejo de *ter* um homem e em parte o desejo de *ser* esse homem, de fundir-se com essa força, de estar onde está o poder, de ser poderosa, de se apegar a ele, ao próprio ser dele, ou de entregar seu corpo para ele como um oferecimento e um pedido. Ser a armadura, e não aquilo que é vulnerável por trás dela.

Aos quinze anos, me apaixonei pelo punk rock logo que apareceu nos Estados Unidos. Era uma música que dava forma e voz à minha própria fúria e à minha energia explosiva, com letras de desafio e indignação, com músicas que pulsavam e galopavam numa batida violenta. Quando começou, no final dos anos 1970, era uma música para marginais, e os participantes eram em geral uns rapazes magricelas, idealistas, experimentais. No início havia o "*slam dancing*", com as pessoas dando "trombadas" umas nas outras inofensivamente. Em seguida os nerds foram expulsos pelos "fortões sarados", quando várias bandas de rapazes do sul da Califórnia passaram a dominar a cena, que havia se transformado em *hardcore* ou *thrash metal*; foi quando a porta das boates e das arenas de rock se tornou uma arena de gladiadores, dominada pelos rapazes fortões e, ocasionalmente, alguma mulher, dispostos a te derrubar e te atropelar se você não ficasse firme. No fim aquilo acabou me parecendo mais um lugar ao qual eu não pertencia.

Mas, por um tempo, o punk rock falou por mim, falou comigo e através de mim; e um dia, no fim da adolescência, lá ia eu andando pela rua, cantando aquela música do álbum de John Cale mais influenciado pelo punk. Era como se eu tivesse uma escolha entre ser destemida e poderosa, ou então ser eu mesma, e não tivesse nenhum mapa para ver onde essas duas coisas poderiam se cruzar. Pareciam linhas paralelas que seguiriam lado a lado para todo o sempre.

2.

Onde você se situa? A que lugar você pertence? Em geral essas são perguntas sobre posições ou valores políticos, mas às vezes a pergunta é pessoal: você sente que tem um chão para se firmar? Sua existência é justificada aos seus próprios olhos, o suficiente para que você não precise recuar nem atacar? Você tem direito de estar ali, de participar, de ocupar um espaço no mundo, na conversa, no registro histórico, nas entidades de tomada de decisão? Tem o direito de ter necessidades, desejos? Tem o direito de ter direitos? Você se sente obrigada a se justificar, se explicar ou a pedir desculpas aos outros? Você teme que o chão seja arrancado de debaixo de você, que a porta vá bater na sua cara? Você não tenta marcar seu território, logo de saída, porque já foi derrotada ou espera ser, se fizer isso? Você consegue afirmar o que deseja ou precisa sem que isso seja considerado, por você ou pelas pessoas a quem se dirige, como uma agressão ou imposição?

O que significa não avançar, como um soldado em guerra, e tampouco recuar? Como seria sentir que você tem o direito de estar ali, quando esse "ali" é nada mais, nada menos do que o espaço que você habita? O que significa possuir um espaço e sentir que ele é todo seu, até seus reflexos e suas emoções mais profundas? O que significa não viver num tempo de guerra, não precisar estar pronto para a guerra?

Em parte, isso vem da posição de cada um na sociedade, de todos os fatores habituais — raça, classe, gênero, orientação sexual — e de outros fatores que entram em ação, alguns com uma qualidade para a qual a palavra *autoconfiança* seja muito superficial. Talvez *convicção* ou *fé* seja melhor. Fé em você mesma e nos seus direitos. Fé na sua própria versão das histórias, fé na sua própria verdade, nas suas próprias reações e necessidades. Fé em saber que ali onde você está é o seu lugar. E que você tem importância. As pessoas que acreditam assim, plenamente, me parecem raras e transparentes de uma maneira que o resto de nós não é; elas sabem quem são e onde estão, como e quando reagir, o que devem aos outros e o que não devem. Nem recuando nem atacando, elas moram em um lugar que não existe para o resto de nós — e não é o mesmo lugar onde moram aqueles que têm excesso de confiança, os que ocupam espaço demais e tiram o espaço dos outros.

Creio que sempre vou viver mais nas perguntas do que nas respostas. O que é seu? Onde você é aceita, onde é bem-vinda? Quanto espaço existe para você — onde você é cortada, seja na rua, na profissão ou numa conversa? Todas as nossas lutas podem ser imaginadas como disputas territoriais, batalhas para defender ou anexar território, e podemos entender as diferenças entre nós como sendo, entre outras coisas, acerca de quanto espaço nos é permitido ou negado, para falar, participar, perambular por aí, para criar, definir, vencer.

Uma das lutas em que me envolvi quando jovem visava saber se o território do meu corpo estava sob a minha jurisdição ou sob a de outra pessoa, de qualquer outra pessoa, de todo mundo; se eu controlava suas fronteiras, se ele estava a sujeito a hostilidades e invasões; se eu estava no comando de mim mesma. O que é o estupro senão a insistência em afirmar que os direitos espaciais de um homem e, por implicação, dos homens em geral, se estendem até o interior do corpo de uma mulher, e que os direitos dela e a jurisdição dela não abrangem nem sequer o território que é ela mesma? Aquelas altercações nas ruas eram causadas por homens afirmando sua soberania sobre mim, afirmando que eu era um país subjugado. Eu tentava sobreviver a isso sendo um país desinteressante, um país que se encolhia, um país furtivo.

Ao mesmo tempo eu trabalhava duro para aparecer me tornando uma escritora, para reivindicar o direito de ter algo a dizer, de merecer participar na grande conversa que é a cultura, de ter uma voz; e isso significava outras disputas em outros territórios. Isso veio um pouco depois daqueles anos em que as ameaças nas ruas me deixavam em frangalhos de tanto medo e tensão. E eu estava tentando ter uma vida, incluindo uma vida amorosa, o que significava aparecer, atrair, ser atraída, e às vezes eu desfrutava dos homens, desfrutava do meu corpo, da minha aparência, do meu tempo passado em público. Mas a guerra tornava tudo mais complicado.

As conversas são outro território onde surgem perguntas sobre quem pode ocupar espaço, quem é interrompido ou pressionado a se calar, a ficar nessa condição de não ocupar nenhum espaço verbal. No melhor dos casos, uma conversa é uma alegria e uma construção colaborativa, é construir uma ideia, um insight, compartilhando experiências; no pior dos casos, é uma batalha territorial, e a maioria das mulheres já teve a experiência de ser expulsa da conversa de um jeito ou de outro, ou de nem sequer ter tido permissão de entrar, ou de ser julgada como não qualificada para participar. Futuramente isso se tornaria um dos meus temas.

3.

Às vezes parecia que o problema era ter um corpo, ter um corpo que me expunha a perigos e possíveis agressões e também à vergonha, às deficiências e aos problemas de como me conectar e como me encaixar, o que quer que isso signifique — qualquer sentimento que eu imaginava natural nas pessoas que confiavam no seu corpo, nos seus movimentos e nas suas associações com os demais. Ter um corpo do meu sexo era uma vulnerabilidade e uma vergonha tão vasta que eu ainda me pego procurando em volta alguma defesa, outras versões daquela armadura com que eu sonhava aos vinte anos.

Eu estava convencida de que meu corpo era um fracasso. Era um corpo alto, magro, branco, o que supostamente é a melhor coisa para se ser, em termos de como a cultura como um todo valoriza e classifica o corpo feminino. Mas eu via minha própria versão disso como um catálogo de erros e defeitos — e motivos de vergonha, tanto confirmada como em potencial. As regras sobre o corpo feminino eram estritas, e sempre se podia medir a distância a que estávamos do ideal, mesmo que não fosse uma distância grande. E mesmo que você superasse suas imperfeições de forma, as realidades da biologia, dos fluidos, das funções corporais estavam sempre em desacordo com o ideal feminino; uma multidão de produtos, piadas e risos de escárnio nos fazia lembrar sempre disso. Talvez seja o caso que a mulher exista em um estado perpétuo de erro, e a única maneira de triunfar seja recusar essas definições todas.

Nenhuma mulher é bela o suficiente e todo mundo é livre para te julgar. Em suas memórias, *Debaixo da minha pele*, Doris Lessing relata que quando era jovem, em um baile, um homem de meia-idade veio lhe dizer que ela tinha um corpo quase perfeito, porém um dos seios ficava um centímetro mais alto ou mais baixo que o outro — não lembro bem, mas o fato é que um sujeito totalmente desconhecido acreditava que o corpo dela estava sob a jurisdição dele, e passou a anunciar uma falha, decerto totalmente imaginária, para demonstrar o seu direito de julgar e a subordinação dela ao seu julgamento.

Os homens estavam sempre me dizendo o que fazer e o que ser. Certa vez, na minha emaciada juventude, eu estava caminhando pela North Beach comendo um doce de uma padaria italiana quando um homem corpulento de meia-idade começou a me criticar duramente porque eu deveria estar cuidando do meu peso. Os homens já me mandaram sorrir, já me mandaram chupar seu pau, e quando eu tinha um carro velho que vivia com os cabos da bateria soltos, os homens que passavam vinham me dizer o que precisava ser consertado quando eu abria o capô para apertar os cabos; e os que me diziam o que fazer estavam invariavelmente errados e nunca se davam conta de que eu sabia muito bem o que estava fazendo.

O problema não é realmente o corpo, mas sim as inspeções incessantes a que o corpo está sujeito. O problema é ser mulher. Ou ser uma mulher sujeita aos homens. A profunda vergonha que minha mãe, uma ex-católica, sentia acerca das funções e da forma do corpo feminino me fora repassada com vigor, e a tendência do meu pai de criticar a anatomia dela, depois a minha e, às vezes, a das mulheres que passavam na rua, usando os termos mais clínicos, não ajudou nada; também não ajudou o fato de que tudo isso era comum numa cultura obcecada pelo corpo e que, naquele tempo, quantificava a beleza feminina segundo medidas e tamanhos precisos, e nos dizia que as recompensas eram ilimitadas por obedecer a essas medidas, e os castigos por não se adequar eram intermináveis — e assim acabavam castigando a todas nós, porque, em última análise, eram métricas que ninguém seria capaz de satisfazer.

Assim, lá estava eu onde estavam tantas outras jovens, tentando nos localizar em algum lugar intermediário entre ser desprezada e excluída por não ser atraente e, de outro lado, ser ameaçada ou ressentida por ser atraente, pairando entre duas zonas de punição num espaço tão tênue que talvez nem tenha existido, tentando encontrar um equilíbrio impossível entre ser desejável para aqueles que desejávamos e estar em segurança contra aqueles que não desejávamos.

Fomos treinadas para agradar aos homens, e com isso ficou difícil agradarmos a nós mesmas. Fomos treinadas para nos tornarmos desejáveis de uma maneira que nos fazia rejeitar a nós mesmas e aos nossos desejos. Assim sendo, eu fugia. Meu corpo era uma casa solitária. E eu nem sempre estava em casa; costumava estar em outros lugares. Quando jovem, imaginei que seria muito bom se houvesse uma versão de ficção científica dos seres humanos: eles se tornariam apenas cérebros guardados em potes de vidro. Para mim, nossos corpos eram algo triste em que estávamos atolados, e não instrumentos de alegria, de conexão e vitalidade, os termos não negociáveis da nossa existência. Não é de admirar que eu fosse tão mirrada, não era de admirar que as mulheres fossem tão elogiadas por serem magras, por ocuparem o mínimo de espaço possível, por pairarem à beira do desaparecimento; não é de admirar que algumas de nós realmente desapareciam de tanto não comer, como um país que vai cedendo território, um exército que vai recuando até deixar de existir.

Eu tinha um corpo. Fui uma criança miúda, magricela, retraída, porém ativa nos meus interesses, perambulando pelas colinas, subindo nas árvores; então, aos treze anos, de repente cresci vários centímetros, e foram necessários muitos anos para minha carne acompanhar os meus ossos. Eu tinha um metro e setenta de altura e pesava 45 quilos quando saí da casa dos meus pais; depois o peso veio chegando gradualmente, até me empurrar para cinquenta quilos naquele primeiro ano longe de casa; e aos trinta anos eu já tinha um peso mais ou menos normal. Mas, por muito tempo, fui de uma magreza estranha, não esbelta como as jovens que têm um pouco de gordura sobre os músculos; eu tinha pouca gordura e também muito pouco músculo.

Meu esqueleto não ficava longe da superfície. Meus ossos ilíacos eram tão salientes que às vezes as pessoas pensavam que eu estava levando alguma coisa nos bolsos da frente da calça jeans. Eu os imaginava como revólveres com cabo de pérola. Quando eu deixava a água do banho escorrer e ficava deitada na banheira, formava-se um laguinho no côncavo do abdome. Minhas costelas apareciam. A cintura era tão fina que certa vez um rapaz gay disse, brincando, que eu não tinha tronco, era como uma vespa ou uma abelha — tinha só abdome e tórax. Foi meu amigo David Dashiell, ele usou a palavra "tórax", e éramos amigos também porque podíamos brincar assim.

Há uma foto tirada pelo homem que estava caminhando conosco enquanto eu cantava "Ready for War", pouco tempo depois que me mudei para o apartamento. Na foto estou com um tailleur cinza dos anos 1940 que eu usava sempre que queria me vestir melhor; na verdade, estava com a saia justa do tailleur e um colete masculino virado ao contrário e afivelado, formando uma espécie de blusa decotada. Minhas costas nuas estão viradas para a câmera, estou encostada de frente na parede, com seus retângulos de mofo; a cabeça virada para a direita, um chapeuzinho com um véu caído sobre um rosto que ainda parece infantil — costas que parecem vulneráveis, disformes, e ainda luvas longas, até o cotovelo. Estou procurando me abrigar na minha própria sombra.

As roupas falam da tentativa de ser elegante, sofisticada, de ser uma pessoa adulta, de estar pronta para o mundo e encontrar um mundo que esteja pronto para mim — um retrato de todas essas aspirações da juventude. A postura fala de uma tentativa de se esquivar, de se desfazer até sumir. Estou tentando aparecer e desaparecer ao mesmo tempo. Eu medi a cintura daquela saia quando resolvi doá-la, julgando que nunca mais caberia em mim novamente, a menos que eu tivesse uma doença terminal; tinha cinquenta centímetros.

Ser tão franzina me tornava frágil, cansada, limitada nas minhas energias, sempre sentindo frio; talvez me transformasse num alvo mais atraente: eu era o oposto de uma moça robusta, e todo aquele punk rock era também uma tentativa de absorver um espírito capaz de se opor à fragilidade — ou, talvez, minha carne fosse frágil, mas meu espírito selvagem. Às vezes penso que fugi para o centro da cidade na juventude porque correr na outra direção, para o interior ou para a natureza, exigiria um vigor físico que eu não tinha na época. Eu era capaz de caminhar longas distâncias, dançar durante horas, mas tinha ondas de fadiga, provavelmente devido a quedas do açúcar no sangue, quando mal conseguia ficar acordada. Ficava tonta ao levantar subitamente e me sentia cansada com frequência.

Ser magra é visto como uma virtude, como consequência de disciplina e autocontrole; é algo muito admirado como se fosse um sinal de caráter. Mas em geral é apenas um sinal da loteria genética ou daquela fase da juventude antes que a carne comece a acompanhar os ossos. Algumas pessoas afirmavam que eu devia ter anorexia ou bulimia, ansiosas para transformar aquilo que elas invejavam em algo patológico e indesejável (e houve anos e anos de piadas sobre campos de concentração e comparações com vítimas da fome, como se meu corpo fosse, por si só, uma zona de desastre).

Há uma austeridade na magreza, em ter um corpo rígido, em estar mais perto da solidez dos ossos do que da maciez da carne. É como se você estivesse fora da confusão e da sujeira da vida, de todas aquelas coisas moles, vazando, exsudando fluidos; como se você estivesse olhando a partir de fora, de um lugar menos mortal, menos maleável. Como se você desdenhasse a mortalidade e os prazeres da carne. É uma forma impecavelmente austera de se exibir. Ou seja, a magreza é, literalmente, uma armadura contra ser repreendida por ser "mole", palavra que se aplica tanto à carne que cede quanto à fraqueza moral que vem de ser indisciplinado. E também de consumir alimentos e ocupar espaço.

O corpo da mulher normalmente é macio se for saudável, pelo menos em alguns lugares; e se a maciez é equiparada à fraqueza moral e a virtude a um corpo rígido, com pouca gordura, então eis aqui mais uma maneira em que ser mulher é estar errada. E há pessoas que tentam se livrar desse erro passando fome. Roxane Gay escreveu em seu livro *Fome*:

> Nós não devemos ocupar espaço. Devemos ser vistas, mas não ouvidas; e, se formos vistas, devemos ser agradáveis aos olhos masculinos. [...] E a maioria das mulheres sabe disso, que devemos desaparecer; mas é algo que deve ser dito alto, repetidas vezes, para podermos resistir e não nos render, não ceder ao que se espera de nós.

Talvez passar fome seja a maneira como você se desculpa por existir, ou vai escorregando para a inexistência; mas eu não estava tentando emagrecer. Eu já era bem magra; e me alimentava, mas não era de comida que sentia mais fome. Eu tinha fome de amor, mas esse era um fenômeno tão estranho, tão desconhecido e aterrorizante que eu me aproximava dele de forma oblíqua, eu o descrevia com eufemismos, fugia de algumas versões e não reconhecia outras. Eu tinha fome de histórias, de livros, de música, de poder e de uma vida que fosse verdadeiramente minha; tinha fome de me fazer a mim mesma, de me distanciar ao máximo de onde eu estava na adolescência, de prosseguir até chegar a algum lugar onde eu me sentisse melhor.

No final dos meus vinte anos, um homem mais velho com quem eu estava saindo me disse: "Amor, você está a mil por hora", e eu, que naquela idade dava respostas secas sem pensar, respondi, acertando em cheio: "E você… está estacionado". Sim, eu vivia a mil por hora, para redimir minha existência pelas realizações, para avançar até chegar a uma situação melhor (e quando cheguei, o hábito já estava muito enraizado e eu não conseguia mais diminuir a velocidade). Impelida a mil por hora para fazer alguma coisa, para deixar de ser o que eu era e me tornar outra coisa, para satisfazer todas as demandas que me eram feitas — e, é claro, satisfazer as necessidades de todas as outras pessoas primeiro, ou em vez das minhas. Existia alegria real na vida criativa e intelectual, mas também um retraimento, uma abstinência de todas as outras áreas da vida. Eu era como um exército que havia recuado até sua última cidadela, que no meu caso era a minha mente.

Essa diminuição física tem seus equivalentes na maneira como vivemos, nos movimentamos, agimos, falamos ou nos abstemos de fazer tudo isso. Lacy M. Johnson escreveu sobre um relacionamento tão controlador que, assim que ela deixou aquele homem, ele construiu um quarto acolchoado para estuprá-la e matá-la, do qual ela fugiu após o estupro e antes da morte:

Eu tentava me diminuir de modo que não o provocasse, não o deixasse zangado; tentava me dobrar de acordo com o prazer dele, de modo que ele gostasse de tudo que eu pudesse fazer, dizer e pensar. Mas não importava, porque o que quer que eu fizesse nunca era suficiente. Continuei mesmo assim, até que não restava quase mais nada de mim, da pessoa que eu tinha sido. E a pessoa que eu me tornei, que mal e mal era uma pessoa autônoma, essa era a versão de mim de que ele mais gostava.

A feminilidade, em sua forma mais brutalmente convencional, é um perpétuo esforço para desaparecer, para se apagar e se calar de modo a dar mais espaço aos homens, um espaço onde a existência da mulher é considerada uma agressão e sua inexistência é uma forma de graciosa aceitação. Isso está embutido na cultura de várias formas. O sobrenome de solteira da sua mãe é muito solicitado como resposta para as perguntas de segurança dos bancos e das empresas de cartão de crédito, porque se presume que o sobrenome original dela é algo secreto, foi apagado e perdido assim que ela adotou o sobrenome do marido. Não é mais regra geral que a mulher abandone seu sobrenome, mas continua raro que este seja passado à frente quando se casam; é uma das muitas maneiras como as mulheres desaparecem, ou nunca chegam a aparecer.

Tanta coisa estava ausente que essa ausência raramente era notada; a falta está embutida nos arranjos atuais e na possibilidade de que as coisas possam ser de outra maneira. Muitas listas de desaparecidos aumentaram durante meu tempo de vida; nós ainda não percebemos muitas vozes, suposições, posições que vamos reconhecer no futuro. Com frequência dizemos que alguém foi "silenciado", o que pressupõe que alguém tentou falar; ou dizemos "apagado", que pressupõe que a pessoa, o lugar ou a coisa chegou a aparecer. Mas há tantas coisas que nunca foram nem sequer murmuradas, nunca apareceram; nunca foram obrigadas a sair porque nunca tiveram nem sequer permissão de entrar. E há pessoas que apareceram, se levantaram e falaram, deram o seu recado, porém nunca foram vistas nem ouvidas; não eram silenciosas nem invisíveis, mas seus testemunhos caíram em ouvidos surdos, sua presença não foi notada.

Quando eu era jovem, era regra chamar os seres humanos de "homens", e a humanidade podia ser representada por um único homem singular, sempre chamado de "ele"; e até mesmo homens em movimentos de libertação — Martin Luther King Jr., James Baldwin — caíram nessa linguagem, porque a ausência das mulheres era tão ausente do nosso imaginário que poucas pessoas notavam que isso poderia ser diferente — muito menos que deveria ser diferente. Nos anos 1950 vieram livros como *The Family of Man* e *LIFE's Picture History of Western Man* [História visual do homem ocidental]. Os anos 1960 trouxeram um congresso e um livro intitulados *Man the Hunter* [Homem, o caçador] que praticamente eliminavam a mulher da história evolucionária. Nos anos 1970 tivemos uma longa série da BBC, *The Ascent of Man* [A ascensão do homem]. A edição atual do dicionário da língua inglesa *Oxford* diz: "Até o século XX considerava-se que o termo "homem" incluía as mulheres por implicação, embora se referisse basicamente aos homens. Hoje se considera frequentemente que esse termo exclui as mulheres".

Isso gerou consequências reais. São infinitas, mas algumas me vêm à mente: o ataque cardíaco era descrito da maneira como afeta os homens; assim, os sintomas nas mulheres não eram bem identificados e tratados, situação que levou muitas à morte; os manequins para simulação de acidentes de carro replicavam o corpo masculino, e assim os recursos de segurança dos veículos favoreciam a sobrevivência dos homens, deixando morrer as mulheres com mais frequência. O famoso "Experimento da prisão de

Stanford", de 1971, assumia que o comportamento de rapazes de uma universidade de elite podia ser generalizado, representando toda a humanidade. O livro de 1954 de William Golding *O senhor das moscas*, sobre um grupo de garotos ingleses sobrevivendo numa ilha, também já foi muito citado como exemplo de comportamento dos seres humanos em geral. Se os homens são todo mundo, então as mulheres não são ninguém.

Quando eu era jovem, quase todas as pessoas que tinham poder e apareciam no noticiário eram homens, e o esporte profissional, o esporte na TV, significava esportes masculinos. Muitos jornais tinham uma seção para mulheres sobre assuntos domésticos, moda e compras, o que implicava que todas as outras seções — notícias, esportes, negócios — eram para os homens. A vida pública era para os homens; as mulheres eram relegadas à vida privada; a violência doméstica era considerada um problema privado, embora bater na esposa seja legalmente um crime, e os crimes são assuntos públicos e jurídicos. Andrea Dworkin, cujo feminismo radical foi formado, em parte, por ter se casado muito jovem com um assassino violento, disse: "Eu me lembro da pura loucura, da loucura devoradora de ser invisível e irreal, e cada soco ia me tornando mais invisível e mais irreal — esse foi o maior desespero que já conheci".

É tão normal que os lugares públicos tenham nomes de homens (principalmente brancos), e não de mulheres, que isso me passava despercebido, até que, em 2015, fiz um mapa de Nova York dando novos nomes às estações de metrô em homenagem a mulheres, e percebi que fui criada num país onde quase tudo que tinha o nome de uma pessoa — montanhas, rios, cidades, pontes, prédios, estados, parques —, essa pessoa era um homem, e quase todas as estátuas eram de homens. As mulheres eram figuras alegóricas — a liberdade, a justiça —, mas não pessoas de verdade. Uma paisagem onde houvesse muitos lugares com nomes que homenageiam as mulheres, e muitas estátuas de mulheres, poderia ter encorajado profundamente a mim e a outras meninas. Os nomes de mulheres estavam ausentes, e essas ausências estavam ausentes da nossa imaginação. Não admira que se supusesse que a mulher deveria ser tão magra a ponto de virar uma sombra, de cair na inexistência.

4.

Eu carregava um outro peso. Eu tinha, e às vezes ainda tenho, um sentimento de terror que abafava meu sentimento de esperança e de possibilidades, como se houvesse algo afundando dentro de mim, uma sensação real de peso no peito, como se meu coração estivesse dentro de uma caixa de chumbo, como se eu estivesse num planeta onde a gravidade tornasse cada passo uma luta; erguer as pernas e os braços era um exercício árduo, e sair com outras pessoas, uma perspectiva estafante.

Era um sentimento no presente que surgia de uma visão do futuro, um futuro que não era futuro, um futuro sem um caminho pela frente, com a convicção de que o que é terrível sempre será terrível, que o *agora* é uma planície lisa que se estende ao infinito, sem florestas para aliviar a monotonia, sem montanhas se erguendo, sem portas ou passagens que me convidassem a sair dali — o terror de que nada vai mudar coexistindo, de alguma forma, com o terror de que algo terrível vai acontecer, de que nada de alegre ou prazeroso merece confiança e o que é temido está logo ali à espera. Se há uma gravidade nesse sentimento, há também uma geografia, aquele local rebaixado na terra que chamamos de depressão. Parecia ser feito de lógica e de uma análise realista da situação, mas era imprevisível como o clima, se dispersava como as nuvens e voltava a se acumular como elas.

Se escrevi depois sobre a esperança, foi para passar adiante as escadas da lógica e das narrativas, com as quais consegui sair desses baixios que conheço tão bem.

Desde a infância eu imaginava interrogatórios onde não dar a resposta certa implicava castigos, às vezes até a morte; interrogatórios com um formato que deve ter surgido dos programas de perguntas e respostas assistidos na infância, assim como as zombarias que vêm, ou vinham, quando se cometia algum erro na escola ou à mesa de jantar. Eu propunha para mim mesma testes, exames, competições — se eu visse um carro azul antes de o ônibus chegar, se uma ave passasse voando antes de eu chegar, se eu alcançasse a metade da faixa de pedestres antes da primeira pessoa que vinha atravessando do outro lado da rua — enfim, variações daquela brincadeira infantil "Se você pisar na risca da calçada, sua mãe vai morrer". Eu criava uma série de parâmetros imaginários que iriam determinar desfechos não correlacionados; era um reflexo ansioso, uma distração, talvez também uma segurança quando a ave passava voando, quando eu chegava ao outro lado da ponte e por fim soltava a respiração.

Nos programas de perguntas e respostas, as pessoas são recompensadas por saberem coisas obscuras, ou por escolher a coisa certa, mas os que erram são atirados no exílio, na escuridão. Para que isso se torne um pesadelo, basta imaginar como seria se aquele castigo arbitrário e pesado de seus pais, ou a zombaria dos seus colegas, ou a violência do noticiário estivessem relacionados com essa corrida louca em busca da informação correta, do acerto que vai te colocar num lugar seguro e gratificante.

Na minha mente, isso tinha algo a ver com os imperadores chineses, talvez com os relatos sobre os exames para funcionários públicos na antiga China, que requeriam extensa memorização. Suponho que uma das razões que me faziam acumular tantas informações era a ansiedade sobre essa inquisição infernal e a possibilidade de que se você soubesse o nome de todas as partes de uma armadura, se soubesse a etimologia das palavras, quem lutou na Guerra das Rosas, as rotas de peregrinação, se você soubesse quais cisnes são mudos e quais são negros, e que *Eohippus* é o nome de um antigo cavalo diminuto que é o ancestral dos cavalos modernos — um amuleto de informação inútil que carrego comigo desde a infância, sem uso —, então esse conhecimento poderia te proteger contra um universo punitivo e incoerente.

E talvez possa mesmo, de outra maneira, não por rechaçar seus inimigos, mas por levar ao reconhecimento de padrões recorrentes, de significados e de amigos que compartilham seus interesses ecléticos, ou por fazer amizade com sua própria curiosidade e com o que ela vai encontrando. Afinal, Aladim consegue abrir uma caverna dizendo a palavra certa. E, por vezes, há ideias, há frases e há fatos em si que são nossos amigos.

Eu lia, sonhava acordada, perambulava pela cidade ardentemente, também como maneira de perambular nos meus pensamentos, e meus pensamentos estavam sempre fugindo, sempre me levando embora no meio da conversa, do jantar, da aula, do trabalho, do teatro, da dança, da festa. Eles eram o lugar onde eu queria estar, pensando, refletindo, analisando, imaginando, sentindo esperança, formando conexões, integrando novas ideias; mas eles me agarravam, me puxavam, me tiravam das situações presentes, vezes e vezes sem conta. Eu desaparecia no meio das conversas, às vezes porque estava entediada, mas outras vezes porque alguém dizia algo tão interessante que minha mente se punha a perseguir essa ideia oferecida e eu perdia o fio do que diziam depois. Vivi durante anos num longo devaneio, passava dias sem quase interrompê-lo — um dos presentes que a solidão oferece.

Eu tinha um sonho recorrente de estar voando. Em um sonho de 1987, eu fugia de um homem violento pelos trilhos do trem, daí lembrei que eu podia me metamorfosear e me transformei numa coruja com asas empoeiradas como as de uma mariposa. Quando o homem avançou e agarrou meus pés, saí voando rente a um lago, arrastando-o junto comigo, na esperança de que ele me soltasse. Mas em geral não eram sonhos violentos; eu apenas estava sozinha, pairando acima de tudo, na estratosfera, livre e solitária. Talvez livre do peso da depressão e das expectativas. Do peso do corpo. Do peso da animosidade.

A beleza desses locais que eu sobrevoava ainda está comigo; nos meus sonhos, assim como na minha vida em vigília, havia um amor pelos lugares, uma sensação de que cada lugar incorpora concretamente uma emoção; os lugares eram âncoras, companheiros de certa forma, até mesmo protetores ou parentes. Certa vez, no Pacífico, pensei comigo mesma: "Tudo é minha mãe, menos minha mãe", e reconheci como o oceano sempre foi uma mãe, oferecendo poder, constância, consolo. Anos depois, quando comecei a remar em catraia, reparei que na água eu ficava distante dos homens e dos cães, e isso, assim como as belezas da água, tornava aquilo tudo sereno e onírico, e meus remos, com sua envergadura de mais de cinco metros, eram o mais próximo possível de ter asas.

Mas, muito antes disso, eu voava. Mesmo nos sonhos minha mente lógica lutava para entender como isso era possível, ansiosa para que fosse possível. Em um sonho, eu voava porque havia aprendido a me alinhar com os campos magnéticos da Terra; em outro, consegui uma estratégia a partir de uma frase que havia lido, descrevendo como o grande dançarino Nijinsky parecia flutuar no ar uma fração de segundo além do que a gravidade permitiria; e também fiquei suspensa no ar dessa maneira durante um momento, num teatro. Eu estava em um mundo onde a levitação era normal, mas tentava ultrapassar os limites e voar mais alto. Eu sentia o frio da camada superior da estratosfera. Ou deslizava pelo ar sobrevoando paisagens verdejantes.

Às vezes eu voava para provar que conseguia voar. Eu era namorada do poeta John Keats e demonstrava que era capaz de voar entre os arbustos de mirtilo, cujas frutas, do tamanho de lâmpadas de rua, sugeriam que eu era, nós éramos, do tamanho de aves canoras. Outras vezes eu voava acima dos telhados da cidade, e a vista era deslumbrante, assim como a sensação de ter todo aquele espaço lá embaixo, como a sensação de estar em meio a toda aquela água, quando se nada num lago cristalino. Era o lado belo e espaçoso da solidão.

Eu me perguntava qual o significado desses voos. Às vezes parecia ser a impaciência do sonho, a vontade de saltar de um lugar para outro sem precisar preencher o espaço entre eles. Às vezes era fuga. Às vezes era um talento, e, como acontece com os talentos, isso me distinguia dos outros, literalmente, já que eu costumava voar sozinha, e ser a única pessoa que sabia voar, apesar de que às vezes eu mostrava aos outros como voar, ou as levava comigo pelo ar.

Era uma experiência de não pertencer ao mundo comum e não estar atada a ele. Às vezes eu pensava que poderia significar escrever, ser uma escritora; mas agora me pergunto por que nunca pensei que poderia significar a leitura, essa atividade constante, crônica, que tomava tantas horas do meu tempo desde que aprendi a ler; era como estar em um livro, em uma história, na vida dos outros, em mundos inventados, e não no meu próprio mundo, sem as amarras do meu próprio corpo, da minha própria vida, do meu tempo e meu espaço.

Eu conseguia voar, mas agora me pergunto se o problema era como voltar à terra.

LIVREMENTE, À NOITE

1.

Certo dia, em 2011, recebi um convite de amizade no Facebook de alguém que conheci na faculdade aos dezessete anos e com quem depois mantive contato por algum tempo, alguém de quem eu gostava como uma pessoa em quem eu podia confiar e com quem eu podia conversar, talvez por ser quem ele era, ou quem eu imaginava que era; ou, talvez, pela maneira como eu preenchia o que não sabia sobre ele com aquilo que eu precisava. Aceitei o convite com entusiasmo e curiosidade sobre o que lhe teriam trazido os anos em que estivemos distantes e quem ele deveria ser agora. Ele respondeu que minhas posições políticas eram repugnantes, mas que ele gostaria de me enviar cópias das cartas que eu lhe havia escrito. Depois que descobri que ele era conservador, muitas coisas que pareciam misteriosas ou exóticas nele quando jovem de repente passaram a fazer sentido. Acabei não descobrindo mais nada sobre ele, mas por meio dele descobri mais coisas sobre mim.

Um envelope de papel manilha chegou à caixa do correio algumas semanas depois. Senti certo enjoo com a perspectiva de encontrar aquela adolescente de imediato e esperei muitos anos para abri-lo. Nas fotocópias das cartas, escritas em bloquinhos amarelos numa letra pequena e bem organizada, uma caligrafia que não é mais minha, conheci uma pessoa que não sabia como falar. Com isso quero dizer muitas coisas. A jovem escritora que encontrei ali não sabia como falar a partir do coração, embora soubesse ser afetuosa. Mas era também uma mixórdia de paráfrases, alusões, expressões estrangeiras e prolixidades, de arrogância, pretensão e confusão; uma tentativa de usar a linguagem de uma maneira que a mantinha tão ocupada que quase nada era dito, ou eventos importantes eram mencionados de passagem em frases que se ocupavam com outras coisas que não tinham importância. Ela havia colecionado uma quantidade de palavras, expressões, sintaxes, tons, e estava testando tudo isso, como alguém nos primeiros estágios de tocar um instrumento, com muitos rangidos estridentes. Ela falava em várias vozes porque ainda não sabia qual era a sua voz, ou melhor, ainda não havia feito a sua própria voz.

Havia uma passagem alarmante em meio a toda aquela verborreia. Escrevi sobre a festa que ofereci ao meu irmão mais novo quando fez dezoito anos, pouco menos de um ano depois de me mudar para o apartamento. Mencionei com orgulho que esfregaram muita cobertura de chocolate em bastante gente, que derramaram talco no toca-discos, que havia toalhas encharcadas de champanhe dentro da banheira. E a carta prosseguia listando ensaios que eu estava tentando escrever, apesar de que ainda se passariam alguns anos até eu publicar alguma coisa.

Mencionei então "um longo ensaio que vou elaborar sozinha — sobre meu gosto pelas caminhadas noturnas, longas e solitárias, o perigo aí envolvido (já desisti. Quase fui assaltada algumas semanas atrás) e como isso afeta a minha atitude para com o feminismo — qual o valor dos avanços das últimas décadas se nossa liberdade física está tão gravemente ameaçada. A maioria das mulheres que moram numa cidade grande vive como se estivesse numa zona de guerra. […] Há um preço a pagar, seja como for — um ano e meio vivendo perigosamente distorceu a minha mente. Esse ensaio será um enorme poema em prosa, analisando (ou, pelo menos, louvando) a própria natureza da noite".

Esse ensaio nunca foi escrito, mas posteriormente escrevi com frequência em louvor da escuridão, por vezes tentando reverter as metáforas em que o bem é a luz, ou é o branco, enquanto o negro e a escuridão são o mal, tudo isso com suas problemáticas implicações raciais; acabei escrevendo um livro chamado *Hope in the Dark* [Esperança no escuro]. Anos após essa carta, o tempo que passei no deserto me ensinou a amar as sombras e a noite como um alívio para o calor ardente e a luz do dia. E quatro anos após aquele intento ambicioso de escrever sobre a mulher e a noite, escrevi pela primeira vez sobre a violência contra a mulher e a maneira como isso impede e limita o nosso acesso aos espaços públicos, à liberdade de movimentos e à igualdade em toda e qualquer esfera; e depois voltei a escrever a respeito disso, muitas e muitas vezes.

Quando escrevi meu livro sobre caminhadas, quase vinte anos depois, citei Sylvia Plath, que declarou, aos dezenove anos:

> Ter nascido mulher é a minha horrível tragédia. Sim, o desejo que me consome de me misturar com os trabalhadores da estrada de ferro, com os marinheiros e os soldados, com os frequentadores de bar — de fazer parte de uma cena, ser anônima, ouvindo, registrando —, tudo isso é estragado pelo fato de que sou mulher, uma jovem sempre correndo o perigo de ataques e agressões. Meu interesse intenso pelos homens e a vida que levam com frequência é confundido com o desejo de seduzi-los, ou um convite para a intimidade. Sim, meu Deus, eu quero falar com todo mundo, quero conversar com o máximo de profundidade. Quero poder dormir em campo aberto, viajar para o oeste, caminhar livremente à noite.

Lendo essa passagem agora, muito tempo depois de incluí-la no livro, penso em quem a poeta poderia ter sido se pudesse desfrutar da "liberdade das cidades", como se costumava dizer, e a liberdade das montanhas e da noite, e em como seu suicídio na cozinha aos trinta anos pode ter sido causado também pelo confinamento das mulheres no espaço doméstico e nas definições domésticas.

As crianças são animais diurnos. Já a vida noturna para uma iniciante na idade adulta era quase um sinônimo daquele novo mundo de sensualidade e sexualidade, de liberdade de movimentos e de exploração, com uma sensação persistente de que as regras se abrandam um pouco quando o sol se põe. A noite, com sua vida intensa. Suas boates. Seus pesadelos. O primeiro sucesso de Patti Smith, "Because the Night", fora lançado poucos anos antes, nos dizendo que a noite pertence aos amantes e ao amor. O amor se faz em geral à meia-luz ou no escuro, e a escuridão — quando nos falta a visão, o mais racional dos sentidos, o despertar dos outros sentidos, a experiência de se estar num outro mundo quando o planeta, girando, deixa de encarar o Sol e passa a olhar de frente para a galáxia —, essa escuridão pode ser, por si só, um abraço erótico.

Minha tia boêmia me deu de presente *No bosque da noite*, de Djuna Barnes, quando eu tinha dezoito anos, e eu me apaixonei por esse livrinho, pelo que ele fazia com as palavras e por sua extravagância romântica sobre a perda e a dor. Hoje é mais lembrado como um romance lésbico, e o amor de Nora Flood pela esquiva Robin Vote forma o esqueleto do enredo, quase todo passado em Paris. Mas a obra é dominada pelos monólogos, quase odes, do dr. Matthew O'Connor, um morador do sótão muito falador, chegado a se vestir de mulher, "um irlandês da Barbary Coast (Pacific Street, San Francisco) cujo interesse pela ginecologia o levara até a outra metade do mundo". Sua especialidade é a noite — a noite representando os mistérios do coração humano, a fluidez de quem somos, a tolice de ser quem achamos que somos e do que julgamos que devemos ter e conservar. "Cada dia é pensado e calculado, mas a noite não é premeditada", diz ele a Flood. "A Bíblia está de um lado, mas a camisola está do outro. A noite — cuidado com essa porta para a escuridão!"

Ele é um oráculo semelhante ao transgênero Tirésias em *Édipo rei*, alguém que compreende os homens e as mulheres e as coisas que eles desejam, imaginam e fazem, tanto juntos como sozinhos. A noite é o espaço onde a intuição poética prevalece, e não a lógica, onde você sente aquilo que não consegue enxergar; e talvez em algum sentido esse personagem seja a própria noite, ou seu oráculo e sua suma sacerdotisa. Naquela carta para o meu velho amigo da adolescência, eu dizia que queria trazer o lirismo feroz de Barnes para a minha própria experiência imediata, casar a poesia daquilo que eu desejava com a questão política de por que ser tão difícil alcançar esse objetivo. A quem pertence a noite? Não parecia pertencer a mim.

2.

Os livros, pelo menos, me pertenciam. Fechado, um livro é um retângulo, fino como uma carta, ou grosso e sólido como uma caixa ou um tijolo. Aberto, são dois arcos de papel que, vistos de cima ou de baixo quando o livro está bem aberto, se parecem com aquele amplo V das aves em voo. Penso nisso, depois nas mulheres que se transformam em pássaros, e então em Filomela, que na mitologia grega é transformada num rouxinol depois de ser estuprada, enquanto seu cunhado a persegue para assassiná-la.

"Nightingale" (rouxinol) é uma palavra antiga da língua inglesa, uma combinação de "night" (noite) e "singer" (cantor). Eu me pergunto se Keats tinha em mente Filomela quando escreveu sua "Ode a um rouxinol", ou se eu a tinha em mente quando sonhei com Keats em meus voos noturnos. Nessa ode, o poeta se imagina voando "nas asas invisíveis da Poesia", até uma floresta escura — "mas aqui não há luz [...] suave é a noite",* frase que

---

* Tradução de Augusto de Campos, in *Linguaviagem*. São Paulo: Companhia das Letras, 1987, pp. 130-49. (N. T.)

fiquei feliz de reencontrar no romance de F. Scott Fitzgerald, que também é sobre incesto e estupro, e o quanto são indizíveis, e a maneira como o mal vai se alastrando. Tanto a poesia de Keats como *Suave é a noite* me chegaram quando eu tinha dezessete anos e havia aprendido na escola, por fim, a ler mais profundamente, a perceber que uma história é feita de camadas, ecos, referências e metáforas.

Eu já havia lido *As metamorfoses*, de Ovídio, com a história de Filomela e de todas aquelas outras deusas, ninfas e mortais sendo destruídas e aniquiladas, numa época muito anterior. Nos mitos as mulheres sempre se transformam em outras coisas, porque ser mulher é muito difícil, muito perigoso. Dafne é transformada numa árvore, um loureiro, ao fugir de Apolo; eu sabia disso antes mesmo de memorizar "The Garden", de Andrew Marvell, incluindo estes versos:

Os deuses, que a beleza mortal perseguiam,
Em uma árvore terminaram seu percurso.

Aprendi isso na mesma aula de introdução à literatura em que lemos "Leda and the Swan", de Yeats, poema que agora me parece horripilante, com seus detalhes sobre um deus em forma de ave estuprando uma mulher. "Como podem esses dedos vagos, aterrorizados, expulsar/ Essa glória emplumada das suas coxas, que já vão se afrouxando?" O porquê de tantos mitos gregos girarem em torno do estupro e de mulheres tentando escapar do estupro é um assunto que nunca foi discutido em classe. Não creio que fôssemos muito frágeis para sermos expostos a esse tipo de coisa — que, aliás, estava por todo lugar, tanto na música pop como nos sonetos clássicos —, mas simplesmente o fato de que o estupro, sua realidade, sua onipresença, seu impacto eram coisas estranhamente impossíveis de se dizer, tanto na arte como na vida. Nossas línguas também tinham sido cortadas.

Ovídio nos conta que Filomela, já sem língua, desenha e tece a história da sua violação numa tapeçaria e pede, por sinais, que a tapeçaria seja entregue à sua irmã, esposa do estuprador. Quando a verdade é indizível, você a diz indiretamente; quando lhe tiram a fala, outras coisas falam; às vezes o próprio corpo fala, por meio de tiques, erupções, dormência, paralisia, que são representações em código daquilo que ocorreu. No mito há mais violência e sangue, e as duas irmãs são transformadas em pássaros — e em algumas versões é a irmã que se transforma na ave canora da noite, o rouxinol. Em *Sonho de uma noite de verão*, de Shakespeare, as fadas chamam por Filomela quando cantam embalando sua rainha, evocando talvez a beleza do seu canto, ou talvez a maneira como foi enganada e ludibriada como mulher.

O rouxinol de Keats não é uma vítima mortal, mas uma figura transcendental, imune ao sofrimento humano: "Tu não nasceste para a morte, ave imortal!", diz ele. "Não te pisaram pés de ávidas gerações",[*] e eu decorei esses versos logo que conheci o poema, ou talvez eles apenas se fixaram na minha mente, assim como tantos outros que li na época, como eu se estivesse assentando alicerces feitos com esses tijolos. O poeta pensa no canto dessa ave, ouvido há tanto tempo, pena nas palavras que perduram por incontáveis tempos de vida. A ave é a própria poesia, ou algo que a poesia nos traz, com as asas duráveis das palavras e o éter da narrativa que elas geram — um santuário, um local fora do tempo. Um refúgio. Um local para além do corpo e da carne. No caso de Filomela, a mutação em rouxinol não chegou a tempo para salvá-la do estupro, da mutilação, do silenciamento e do cativeiro, mas a salvou de ser assassinada, se é que se pode chamar de sobrevivência ser transformado em algo que não é a própria pessoa.

---

[*] Ibid.

Um livro: um pássaro e também um tijolo. Eu organizava minha biblioteca, meus livros muito usados e arrebentados, em engradados plásticos de leite que eu furtava, um por um, da frente das lojas de bebidas quando estavam fechadas, e devolvi de onde os tirei quando consegui comprar estantes de madeira. Meus pássaros foram se agrupando em bandos, e por fim uma longa fila de estantes estreitava o corredor; os livros enchiam a sala, formavam pilhas instáveis sobre a minha escrivaninha e em outras superfícies.

Vamos mobiliando a mente com as leituras da mesma forma que vamos mobiliando a casa com livros; ou melhor, os livros físicos entram na memória e passam a fazer parte dos equipamentos da nossa imaginação. Eu estava construindo um corpus de literatura, pontos de referência para um mapa do mundo, um conjunto de ferramentas para compreender esse mundo, e eu mesma dentro dele, a partir das leituras. Eu passeava pelos livros e os encontrava em geral por mim mesma, ou lia o que me era dado, uma onívora sem discriminação, como costumam ser os jovens, também em relação às pessoas: sem certeza de quais são os seus critérios, o que os alimenta e o que os desencoraja. Assim, eu lia o que me aparecia pela frente; depois aprendi a traçar caminhos pelas florestas de livros, aprendi os pontos de referência, as linhagens.

Eu amava os objetos físicos que são os livros, e ainda amo. O códice, essa caixa que é uma ave, a porta para um outro mundo, ainda me parece algo mágico, e até hoje sempre entro numa livraria ou biblioteca convencida de que posso estar pisando num limiar que vai se abrir justamente para aquilo de que eu mais preciso, ou mais desejo; e às vezes essa passagem de fato aparece. Quando aparece, acontece uma epifania, um arrebatamento em ver o mundo de uma nova maneira, em descobrir conexões antes insuspeitas, em receber um equipamento inimaginável para lidar com aquilo que surge, na beleza e no poder das palavras.

O puro prazer de descobrir novas vozes, novas ideias e possibilidades, de ver o mundo se tornar mais coerente, quer de uma maneira sutil ou imensa, o prazer de ampliar ou preencher os vazios no seu mapa do universo, não é celebrado o suficiente, nem a beleza que existe em encontrar um desenho coerente, um significado. Mas esse despertar acontece e, a cada vez que acontece, traz alegria.

3.

Como leitora, eu perambulava com liberdade. Como escritora em formação, as coisas eram mais complicadas. Na adolescência, assim como nos meus vinte anos, encontrei principalmente a literatura de homens heterossexuais, em que a musa, a amada, a cidade que eles exploravam ou a natureza que conquistavam era sempre uma mulher. Durante toda a adolescência, lutei com *A deusa branca*, de Robert Graves, que parecia ter algo de valor a dizer sobre os alfabetos e as árvores, algo que nunca consegui extrair daquela babel erudita. É um livro que parecia assumir que o poeta é um homem hétero que se dirige a uma deusa; e pode ter encorajado algumas jovens a sorrir enigmaticamente e cobrar um tributo; mas eu queria ser escritora, não musa.

Eu também lutava secretamente contra os homens ao meu redor que estavam convictos de que eles eram os artistas e eu era o público. Supunha-se que moças jovens como eu deviam existir como figuras orbitais, planetas em torno de um sol, luas em torno de um planeta. Nunca estrelas. Quando eu tinha dezoito anos, um homem ficou tão firmemente convicto de que eu era sua musa, que me causou uma sensação vívida de estar, literalmente, postada sobre um pilar; ainda consigo evocar aquele sentimento de estar perdida numa atmosfera cinzenta, nebulosa, desse lugar nenhum. Em cima de um pilar não há nada para fazer a não ser ficar bem parada, ou então cair. Eu ficava feliz em ouvir e em ler; mas, silenciosamente, me rebelava contra ser apenas uma ouvinte e uma leitora, apesar de que tudo o que eu podia fazer a respeito era dar tempo ao tempo e construir meu trabalho.

Para mim era evidente que eu queria ser escritora, desde o ano em que aprendi a ler; mas eu raramente falava sobre isso, por medo de sofrer gozação ou ser desencorajada. E até meus vinte anos não escrevi muito além do que a escola exigia, apesar de às vezes ficar bom o que eu escrevia para a escola. Eu lia e relia, vorazmente. Os clássicos, livros reconfortantes, livros desconcertantes, romances contemporâneos, ficção comercial, história, mitos, revistas, resenhas.

Havia livros confortáveis e outro tipo de conforto em reconhecer minha própria condição, ou seus equivalentes e analogias, em outros livros; em não estar sozinha na minha solidão e angústia. Às vezes uma obra se arremessava contra mim: ainda tenho comigo o poema "Never Before", de Philip Levine, publicado na *New Yorker* no outono de 1980 (recortei as colunas de Levine e as juntei com fita adesiva, formando uma tira estreita, agora já amarelada, exatamente do tamanho do meu braço, com uma cor mais escura de âmbar nos lugares colados pela fita. Parece um curativo, mas se lê como uma ferida).

É um poema de devastação:

Nunca antes
eu tinha ouvido minha própria voz
gritar, numa língua que não era a minha,
que a Terra estava errada

que a noite veio primeiro, e depois mais nada
que as aves só voam para a morte
que o gelo é o significado da mudança
que eu jamais fui criança

Esse poema falou comigo quando eu era ainda praticamente uma menina. Às vezes, quando você está arrasada, não quer um alívio, mas sim um espelho da sua condição, ou algo que a faça lembrar que você não está sozinha nisso. Outras vezes não são a propaganda ou a arte política que ajudam a encarar uma crise, mas qualquer coisa que te dê uma trégua disso tudo.

O livro do riso e do esquecimento, de Milan Kundera, foi publicado na *New Yorker* em capítulos no segundo semestre de 1980 e me chegou numa pilha de revistas. Os capítulos eram, como os *Labyrinths*, de Jorge Luis Borges de alguns anos antes, reveladores. Eles me deram a sensação de que podemos misturar coisas, que o plano pessoal e o político podem compreender um ou outro, que uma narrativa pode ser oblíqua, que a prosa, tal como a poesia, pode pular de assunto em assunto, ou levantar voo. Que as categorias são opcionais, apesar de que levei mais uma década para encontrar meu caminho através desses muros.

Eu queria urgência, intensidade, excesso e extremos, prosa e narrativa explodindo contra os limites. Exceto quando queria garantias. Eu encontrava as duas coisas. Eu vivia tão profundamente nos livros que me sentia à deriva, sem âncora, não fazendo bem parte do meu próprio tempo e espaço, sempre com um pé, ou mais de um pé, em outros lugares, fossem medievais, ou imaginários, ou eduardianos. Eu tinha, naquele mundo flutuante, a sensação de que poderia acordar, ou de algum outro jeito me encontrar em alguma dessas outras épocas e lugares.

Minha tia literata que havia me dado para ler *No bosque da noite* também me deu *O pássaro pintado*, de Jerzy Kosinski, quando eu tinha doze ou treze anos, ainda muito nova para ler sobre a brutalidade sexual e a violência genocida dos camponeses poloneses, tais como vistas por uma criança judia de cabelos e olhos negros perambulando pelo mundo deles, por pouco escapando da morte. O livro tomou posse de mim, assim como o diário de Anne Frank e outros livros sobre o Holocausto. Em um dos meus constantes devaneios ansiosos da infância e adolescência, sempre me perguntava se eu, com meu cabelo loiro e pele clara, teria conseguido passar por não judia e escapar do extermínio que aniquilou todos os membros da família do meu pai que ficaram na Europa. Esse era outro tipo de aniquilação que me assustava.

Mas eu também tinha a vaga sensação de que poderia me encontrar, de alguma forma, em um tempo e um espaço menos cruéis, onde o que aprendi com os livros me deixaria equipada, ao menos parcialmente, para sobreviver. Em meus passeios, eu podia entrar na Inglaterra georgiana, ou na França medieval, ou no faroeste norte-americano do século XIX, ou em qualquer dos outros lugares onde eu já mergulhara, e havia algo nessa sensação, por mais ridículo que pareça, que me fazia hesitar em cortar meu cabelo longo; eu encontrava incentivo nos ideais arcaicos de beleza, que eu julgava satisfazer melhor do que os modernos. Nessa época não parecia impossível que algum dia uma outra pessoa estaria no espelho pela manhã, ou que o mundo ao redor seria outro mundo. "Eu é um outro" é uma frase de Arthur Rimbaud que eu também guardava sempre à mão.

É claro que o que eu aprendera nos livros e na vida não havia me preparado bem para que eu pudesse me encaixar no tempo e no espaço onde eu realmente vivia. Muito depois que esse ansioso devaneio havia passado, vivi uma versão cômica dele quando li e reli *O prelúdio*, de Wordsworth, um poema autobiográfico do tamanho de um livro, para escrever meu livro sobre o caminhar. Fiquei tão imersa na sua linguagem — a elegância contemplativa, a sintaxe elaborada e às vezes invertida, as circunlocuções como meio de dizer as coisas — que meus comentários casuais dirigidos a estranhos e caixas de supermercado encontravam em resposta olhares perplexos.

Há um benefício em não estar amarrada ao seu próprio tempo. Creio que ganhei um senso de como era diferente a noção do que é um ser humano, do propósito da vida, das expectativas e desejos uma geração ou duas atrás, sem falar em meio milênio atrás; como as definições passam por metamorfoses, e como isso significa que você pode sair das pressuposições da sua época, ou pelo menos assumi-las com leveza e, ao menos em teoria, não deixar que elas sejam uma punição para você. Ou seja, ser uma pessoa pode significar muitas coisas. Aos treze anos, li *Alegoria do amor: Um estudo da tradição medieval*, de C. S. Lewis, que descreve a construção social, na França do século XII, dos conceitos que viriam a se tornar as nossas ideias de amor romântico. O fato de essas expectativas serem o resultado de determinado tempo e lugar me deu uma sensação de libertação, como alguém que abrisse as janelas de um quarto abafado.

Apesar desse livro de Lewis, eu absorvia as noções de amor dramáticas e impossíveis nos romances, com seus mitos de completude e finalização. E consegui algo que a maioria das mulheres tem — a experiência de visualizar mulheres à distância, ou de estar presente em um mundo onde elas mal existiam, desde *Moby Dick* até *O senhor dos anéis*. Ser solicitada com tanta frequência a ser outra pessoa pode deixar muito tênue o sentido do seu próprio eu. Afinal, você deveria ser você mesma, pelo menos uma parte do tempo. Deveria estar com pessoas que são como você, que estão enfrentando o mesmo que você está enfrentando, que sonham os mesmos sonhos que você e lutam as mesmas batalhas, pessoas que te reconhecem. E em outros momentos, deveria ser como pessoas que não são como você. Pois existe um problema também com os que passam muito pouco tempo sendo outra pessoa — isso coíbe a imaginação, onde a empatia cria raízes, essa empatia que é a capacidade de mudar de forma e distanciar-se do seu próprio eu. Um dos males do poder é a falta dessa ampliação da imaginação. Para muitos homens, isso começa na primeira infância, quando lhes contam histórias quase exclusivamente com protagonistas do sexo masculino.

Usa-se o termo "dupla consciência" para a experiência dos negros na cultura branca. W. E. B. DuBois escreveu estas palavras famosas, no fim do século XIX (e as redigiu, tal como muitos escritores homens até pelo menos James Baldwin, como se todas as pessoas fossem homens, ou até mesmo um único homem):

> O Negro é uma espécie de sétimo filho, nascido com um véu, e presenteado com uma clarividência neste mundo americano — um mundo que não lhe dá nenhuma autoconsciência real, mas lhe permite enxergar a si mesmo apenas através da revelação do outro mundo. É uma sensação peculiar, essa consciência dupla, essa sensação de estar sempre vendo a si mesmo através dos olhos dos outros.

Talvez deva existir um termo para jamais olhar através dos olhos do outro, para algo menos consciente do que até mesmo uma consciência única transmitiria.

A colocação de DuBois encontrou eco em *Modos de ver* de John Berger, de 1968, em que o autor imagina, com generosidade e brilho, como seria ser algo que ele nunca foi:

> Nascer mulher sempre foi nascer, dentro de um espaço predefinido e confinado, tutelada pelos homens. A presença social das mulheres se desenvolveu como resultado da sua criatividade vivendo debaixo dessa tutela, com um espaço tão limitado. Mas isso

acarretou um custo: o íntimo da mulher foi dividido em dois. A mulher deve observar-se continuamente. Ela é, quase continuamente, acompanhada pela imagem que faz de si mesma. E deve inspecionar tudo que ela é e tudo que ela faz, porque a maneira como ela aparece para os outros — no fundo, como aparece para os homens — é de importância crucial para o que normalmente se considera o sucesso na sua vida. Seu próprio senso de ser ela mesma é suplantado pelo senso de ser apreciada como ela mesma por outra pessoa.

Você depende dos homens e do que eles pensam a seu respeito; você aprende a olhar-se no espelho constantemente para ver qual a sua aparência para os homens; você atua para eles, e essa ansiedade teatral forma, ou deforma, ou paralisa completamente aquilo que você faz, diz e, por vezes, pensa. Aprende a pensar em quem você é em termos do que eles querem, e atender aos desejos deles se torna algo tão arraigado que você perde de vista o que você mesma quer, e às vezes chega até a desaparecer para si mesma, nessa arte de aparecer para os outros.

Você está sempre em algum outro lugar. Transforma-se em árvores, lagos, pássaros; você se transforma em musas, putas, mães — o recipiente para o desejo dos outros e a tela para as projeções dos outros; e com tudo isso pode ser difícil se tornar você mesma, para você mesma. Até mesmo ler romances escritos por homens pode infundir tudo isso, como ocorreu no meu caso. Às vezes uma mulher devorada até os ossos é louvada; e, com frequência, as que insistem em afirmar seus próprios desejos e necessidades são vilipendiadas ou repreendidas por tomar espaço, por fazer barulho. Você é castigada, a menos que castigue a si mesma assumindo a inexistência nesse sistema. O sistema é punição. Um livro como *Song of the Lark* [Canção da cotovia], da escritora Willa Cather, em que uma heroína ambiciosa, amorosa e extraordinariamente talentosa não sofre punições nos atinge como um choque.

A solidão era um alívio dessa tarefa sem fim, mas quando eu me voltava para os livros, muitas vezes me voltava para um homem olhando para mulheres. Ver a mulher como um problema, ou um troféu, ou um fenômeno vagamente nefasto, com motivações opacas e consciência limitada, provavelmente exerceu um efeito sobre mim, da mesma forma como fui tantas vezes incentivada a me identificar com um homem, e viver na imaginação em lugares onde a mulher era apenas um ornamento à margem, ou um troféu, ou uma égua para reprodução.

No meu caso, isso significava me identificar com os protagonistas homens, com o Jim do mundo quase sem mulheres de *Lord Jim* e com Jim Carroll, o bonitão viciado de *Diário de um adolescente*, e com Pip, mais do que com Estella, em *Grandes esperanças*, de Charles Dickens; e com todos os que iam atrás do Santo Graal, do anel mágico, os exploradores do Oeste, os perseguidores, os conquistadores, os inimigos das mulheres e os habitantes de mundos de onde as mulheres estavam ausentes. E a tarefa de encontrar a si mesmo deve ser imensamente mais difícil quando todos os heróis, todos os protagonistas, são não apenas do sexo oposto, mas também de outra raça, ou de outra orientação sexual, e quando você descobre que é descrita da mesma forma que os selvagens, os criados, ou as pessoas sem importância. Existem muitas formas de aniquilação.

Mas havia coisas que eu desejava. Quando eu lia, deixava de ser eu mesma, e essa inexistência eu perseguia e devorava como uma droga. Eu me apagava, me tornava uma testemunha ausente, alguém que estava naquele mundo, mas não pertencia a ele; ou alguém que era cada palavra, cada rua, cada casa, cada mau presságio e esperança perdida. Eu era qualquer um, ninguém e nada, e estava em todo lugar nessas horas e anos perdidos nos livros. Eu era uma neblina, um miasma, uma névoa, alguém que se dissolvia na história, que se perdia nela; aprendi a me perder dessa maneira como um alívio para a tarefa de ser uma criança, depois uma mulher, e aquela determinada criança e mulher que fui. Eu planava sobre muitos lugares e muitas épocas, muitos mundos e cosmologias, me dispersando e me unindo novamente, flutuando à deriva. Um verso de T.S. Eliot, o primeiro poeta cuja obra conheci, me vem à mente: "ver as outras caras, tendo preparado a sua".* Sozinha, imersa num livro, eu não tinha rosto; eu era todo mundo, era qualquer um, sem amarras, em outro lugar, livre dos encontros. Eu queria ser alguém, fazer um rosto para mim, fazer minha pessoa e minha voz; mas eu amava esses momentos de alívio. Se é que *momentos* é a palavra certa: não eram intervalos em uma vida normalmente sociável; eles eram a própria vida, interrompida ocasionalmente por interlúdios sociais.

Há algo surpreendente na leitura, em suspender nosso próprio tempo e lugar para viajar ao tempo e ao lugar de outras pessoas. É uma forma de desaparecer de onde você está — não exatamente entrando na mente do autor, mas se envolvendo com ele de modo que alguma coisa surja entre a sua mente e a dele. Você traduz as palavras com suas próprias imagens, com os rostos e lugares que você conhece, luzes e sombras, sons e emoções. Na sua cabeça surge um mundo — mundo que você construiu segundo as instruções do autor, e quando você está presente nesse mundo, está ausente do seu. Você é um fantasma nesses dois mundos, e uma espécie de deus no mundo que não é exatamente o que o autor escreveu, mas um híbrido da imaginação dele e da sua. As palavras são instruções, o livro é um kit, a plena existência dele é algo imaterial, interno, um evento, e não um objeto, e depois uma influência e uma lembrança. É o leitor que traz o livro à vida.

---

* Tradução de Caetano W. Galindo, in *Poemas*. São Paulo: Companhia das Letras, 2018.

Eu vivia dentro dos livros e, embora se presuma que nós escolhemos um livro para viajar através dele e chegar ao fim, em alguns assumi residência — livros que eu lia e relia muitas vezes e depois abria numa página qualquer apenas para estar de novo naquele mundo, com aquelas pessoas, com a visão do autor e sua voz. Como os romances de Jane Austen, os livros *Terramar*, de Ursula K. Le Guin, *Duna*, de Frank Herbert, mais tarde E. M. Forster, Willa Cather e Michael Ondaatje, alguns livros infantis que retomei quando adulta, e também romances que não têm muito status de literatura. Neles eu perambulava livremente, conhecendo o território em todas as direções, e a familiaridade era uma recompensa — assim como a estranheza pode ser a recompensa em um livro que se lê apenas uma vez, só para saber o que aconteceu.

Eu não chamaria os livros de fuga, se isso significa que estava apenas me escondendo neles por medo de alguma outra coisa. Eram lugares gloriosos para se estar, e deixavam minha mente em fogo e me punham em contato com os próprios autores — indiretamente na ficção e diretamente nos ensaios, diários e relatos em primeira pessoa, em torno dos quais passei a gravitar quando compreendi que minha vocação era a não ficção, a ensaística.

Eu nadava por rios e oceanos de palavras e seu poder encantatório. Nos contos de fadas, nomear algo dá poder sobre aquilo; o sortilégio são palavras que você diz e com isso faz certas coisas acontecerem. São apenas versões concentradas do modo como as palavras constroem o mundo e nos levam até o coração desse mundo, do modo como uma metáfora abre uma nova possibilidade e um símile constrói uma ponte. Os livros me permitiam escutar conversas e pensamentos que iam mais fundo e expressavam mais do que as pessoas em geral conseguem fazer cara a cara.

Mas os livros não eram quentes, não tinham um corpo para encontrar o meu corpo e nunca iriam me conhecer. Havia uma inexistência em viver através dos livros, assim como muitas outras existências, outras mentes e outros sonhos para habitar, e outras maneiras de expandir a nossa própria existência imaginativa e imaginária.

4.

É tão fácil decidir ser escritor quanto decidir comer um pedaço de bolo; mas, depois de decidir, é preciso fazer. Mudei para aquele lindo apartamento quando estava no último semestre da graduação na Universidade Estadual de San Francisco. Foi uma primavera intensa: eu trabalhava para me sustentar e tinha que completar dezenove módulos de aulas, com o auxílio de anfetamina conseguida com receitas médicas — um punhado de comprimidos amarelos, o único presente que ganhei do homem que eu estava namorando antes de me mudar.

Terminei a faculdade ao completar vinte anos e percebi então que eu e o mundo não estávamos preparados um para o outro. Consegui um emprego de recepcionista perto de casa, uma prazerosa caminhada até um hotelzinho nos limites do bairro Castro, naqueles últimos anos antes da chegada da aids, que mudou tudo para os homens gays que superlotavam as ruas do bairro. Fiquei nesse emprego um ano, para dar uma pausa, recuperar o fôlego, olhar em volta e não ficar desesperada por falta de tempo ou de dinheiro. O trabalho deixava muito tempo livre para ler atrás do balcão, entre fazer o check-in e o check-out dos hóspedes, as reservas por telefone, as confirmações e, às vezes, fazer as camas ou preparar as bandejas para o café da manhã. Havia problemas — um chefe idoso e lascivo, as tristezas de uma arrumadeira refugiada que apanhava do marido, algumas crises com clientes —, mas na maior parte do tempo as coisas corriam em paz.

Depois de me formar, percebi que eu havia aprendido a ler, mas não a escrever, nem a fazer alguma coisa melhor do que vendas e atendimento para ganhar a vida. Naquele tempo, antes de a não ficção ser considerada uma vertente criativa e ensinada nos programas de criação de texto, eu me candidatei ao único lugar que podia pagar e que fazia sentido para mim, a Escola de Pós-Graduação em Jornalismo da Universidade da Califórnia em Berkeley, e fui aceita. A amostra de redação que enviei foi um relato jovial e divertido (mas laboriosamente datilografado) sobre um encontro com um grupo de mulheres em uma boate punk, quando eu tinha dezoito ou dezenove anos.

As mulheres haviam me convidado para assistir a um filme que era uma tentativa de repetir o processo pelo qual elas, juntamente com o homem tetraplégico que o dirigia, haviam treinado uma garota adolescente para obedecer a ele, por meio de trabalhos sexuais. Elas queriam repetir o processo com apenas uma câmera e comigo; fazer sexo com ele, segundo as mulheres explicaram, era parte do acordo, e ele contribuiu para a conversa escrevendo "me mostre os peitos" na sua tela de comunicação. A servidão e a obediência eram descritas, evidentemente, como libertação.

O mito de Pigmaleão, em que a escultura inerte de uma mulher se transforma num ser humano, acontece com muito mais frequência ao contrário — como a história de alguma mulher que não precisa de ajuda para ser plenamente viva e consciente se defronta com alguém que quer reduzi-la a menos que isso. Talvez ao transformar aquele encontro em um ensaio eu tenha afirmado minha capacidade de pensar, julgar, falar, decidir e, quem sabe, dessa forma, criar a mim mesma. Eu queria cursar a pós-graduação para melhorar em todos esses aspectos.

Não me entrosei bem no curso logo que comecei, pouco depois de completar 21 anos, porque a maioria dos alunos parecia desejar exatamente o que a escola queria que fôssemos: jornalistas investigativos, cujo santo graal era a primeira página do *New York Times*. Eles eram mais sofisticados a respeito de política, mais velhos que eu e discretos na aparência, conscientemente, enquanto eu continuava sendo aquela punk rocker extravagante, sempre de roupa preta comprada em brechós e lápis preto forte nos olhos. Eu queria escrever sobre cultura, ser ensaísta; mas o que eu queria não era tão nítido quanto o que eu não queria. Eu almejava ser mais ou menos isso mesmo que acabei sendo, mas na época não conhecia muitos modelos e exemplos, apenas inclinações e entusiasmo pelo trabalho de escritores como Pauline Kael, George Orwell, Susan Sontag, Jorge Luis Borges.

O que aprendi ali foi imensuravelmente valioso. Fui treinada em criatividade para conseguir descobrir coisas, em rigor para cumprir prazos, em organizar uma história e averiguar os fatos. A escola me instilou um compromisso com a precisão na linguagem, a exatidão nos dados e um senso de responsabilidade para com os leitores, os temas e o registro histórico, coisas que ainda são importantes para mim.

Logo antes de iniciar meu primeiro ano na pós-graduação, o hotelzinho no bairro Castro foi vendido e os novos donos me demitiram, depois de prometer que não iriam fazê-lo. Desesperada, consegui um emprego de garçonete num restaurante italiano que acabara de abrir, mas minha incapacidade de tirar uma rolha de garrafa sem travar uma luta insana e desastrada contra a rolha e a garrafa foi uma das razões para o emprego não dar certo. Se eu fosse melhor em vendas e atendimento, meu destino provavelmente seria pior. Fui me arrastando até a seção de trabalho estudantil da universidade, expus minhas tribulações e tive a oportunidade de me candidatar aos empregos que eles agenciavam e subsidiavam. Fui atrás de uma vaga no Sierra Club e outra no Museu de Arte Moderna de San Francisco, e ambas me foram ofertadas. Optei pelo museu, por razões que já não lembro; e continuo trabalhando ocasionalmente com essas duas instituições.

Ter sido contratada por aquelas graciosas mulheres de pérolas e salto alto do departamento de pesquisas/coleções é um fato que até hoje me surpreende. Fui para a minha entrevista usando um terno masculino *baggy* de brechó, a calça suspensa com um cinto de caubói e meu novo penteado *rockabilly*, curto dos lados e se encaracolando num topete *pompadour* em cima. (Pensei que ia parecer durona e andrógina quando cortei meu cabelo comprido, mas em vez disso ele se enrolou todo quando se livrou do próprio peso; ser durona era um ideal a que eu aspirava sem sucesso, pelo menos como estética.)

Aquelas mulheres devem ter visto alguma coisa em mim, porque logo me tiraram da rotina da catalogação e me promoveram para a pesquisa séria. Durante dois anos, ia lá todas as terças e quintas, e em período integral nas férias de verão, entre o primeiro e o segundo ano da pós-graduação. Foi o melhor trabalho que já tive na vida. Em 1985 o museu, o segundo construído no país dedicado à arte moderna, se preparava para comemorar cinquenta anos de existência, e ajudei a elaborar o catálogo com os destaques da coleção permanente, que seria publicado na ocasião; foi a primeira vez que produzi conteúdo para um livro. Minha tarefa era pesquisar sobre essas obras de arte, e foi o início de uma educação em arte moderna e contemporânea.

Eu lidava com Matisses, Duchamps, Mirós, Derains e Tamayos (creio que nunca trabalhei com nada de um artista que não fosse do sexo masculino; mas naqueles anos fiquei entusiasmada com o trabalho de Whitney Chadwick, historiadora de arte de San Francisco, que recuperou o legado das mulheres no movimento surrealista, e também pelo surgimento de Frida Kahlo como ícone cultural). Eu montava um dossiê para cada obra — seu histórico de vendas e de propriedade, o histórico de exibições, um pouco de informações sobre a vida e a obra do artista na época da criação do quadro, contexto sobre outras obras relacionadas, e outros aspectos. Passei dois anos entrando e saindo de salas de reserva técnica, arquivos, pilhas de livros, datilografando dados numa grande máquina de escrever elétrica, trocando correspondência com estudiosos, solidificando a biografia de algumas dezenas de obras de arte; e também ampliando e aprofundando minhas próprias noções de história da arte.

Eu trabalhava diretamente com os quadros, documentando as etiquetas e as informações escritas na parte de trás. Fui até o porão para catalogar *La Boîte-en-Valise*, de Marcel Duchamp, uma maletinha com miniaturas de suas principais obras de arte, e o breve momento de cobiça que senti — meu namorado da época amava Duchamp — se evaporou quando me dei conta de que toda obra de arte vive dentro do seu contexto, e uma obra roubada tem que existir fora dele, silenciada, incapaz de circular na conversa de onde surgiu. A reserva técnica, todo um acervo armazenado no subsolo, tinha outras lições para dar, com obras que provavelmente nunca mais serão expostas — pinturas e outras obras que tinham parecido significativas na sua época, mas acabaram excluídas da história, ou nem chegaram a ser incluídas. Tendências estranhas, heróis apagados, movimentos que perderam o brilho, desvios da rota oficial da história da arte — uma sala sem janelas cheia de órfãos e exilados.

Também passava horas e horas numa sala silenciosa repleta de arquivos da época de Grace McCann Morley, a inspirada — e esquecida — fundadora e diretora do museu; e foi quando me apaixonei pelos arquivos e pela tarefa de montar a história por meio de fragmentos. Observei que havia um desenho em uma carta que Matisse escrevera a Grace Morley e a transferi dos arquivos de correspondência para a coleção de arte. Eu perambulava pela história das obras como uma viajante, aprendendo sobre o mundo ao redor delas e reconhecendo marcos para onde eu poderia voltar. Trabalhei num quadro do expressionista alemão Franz Marc — uma paisagem de montanha que ele pintou novamente por cima depois que foi a Paris e viu aquela grande novidade, o cubismo: mandei fazer um raio X para revelar a pintura mais antiga por baixo e encontrei os dados para mudar o título. Ter um papel no registro da história da arte, mesmo com um ato minúsculo como esse, era eletrizante.

Depois de Grace Morley, todos os diretores do museu foram homens, mas aparentemente, alguns degraus abaixo, quem dirigia tudo eram as mulheres. Meu lugar era num pequeno escritório na biblioteca, sob a orientação de uma mulher aristocrática e muito gentil, que me ensinou todo o trabalho. Também ia frequentemente consultar a veterana bibliotecária Eugenie Candau, com seu cabelo branco e sua voz rascante, e às vezes surrupiava do seu cesto de lixo cartões-postais de diversas mostras, que ela jogava fora. Eu tinha fome de imagens. Foi uma segunda educação, tão valiosa e formativa como a que eu estava recebendo do outro lado da baía, na universidade.

Certo dia vi uma obra de um artista de Los Angeles, Wallace Berman, que me cativou. Era um quadriculado repetindo a figura de uma mão segurando um radinho portátil, cada um com uma imagem diferente como que saltando para fora do rádio — uma obra que falava de cultura pop e de misticismo, com algumas letras hebraicas jogadas por cima. Na minha ingenuidade, fui procurar um livro, que supus que existia, sobre esse criador extraordinário. Na ocasião não havia livro algum, apenas um breve catálogo de uma mostra de suas obras. Nessa época eu ainda não sabia, é claro, que anos depois eu mesma escreveria esse livro, ou minha versão dele. Escolhi Berman como tema da minha tese, embora não fosse convencional uma estudante de jornalismo se focar em algo tão distante das notícias e do mundo delas. Berman morrera em 1976, após destruir a gravação da única entrevista conhecida feita com ele; assim, havia muito a reconstruir por meio de materiais de arquivos e entrevistas com pessoas do seu círculo. Com todas essas coincidências que me levaram até o museu, que me levou até essa imagem, que me levou até meu projeto de livro, me sinto grata pelo meu fiasco em abrir garrafas de vinho.

5.

    Eu vivia percorrendo as estantes da livraria City Lights, pesquisando os poetas da geração beat para a minha tese e entrevistando alguns deles, mas só bem depois fui conhecer o trabalho de Diane di Prima, outra moradora de San Francisco, incluindo a sua declaração: "Não se pode escrever nem uma linha sequer sem uma cosmologia". Costuma-se tratar a escrita como um projeto de fazer coisas, uma parte por vez, mas você escreve a partir de quem é, do que é importante para você e de qual é a sua verdadeira voz, deixando para trás todas as vozes falsas e as notas erradas; e assim, por baixo da tarefa de escrever um dado texto, existe a tarefa mais geral de se fazer uma pessoa, alguém capaz de fazer o trabalho que você deve fazer.
    Escrever formaliza o processo que todo mundo enfrenta — fazer o seu próprio eu, aquele eu que vai falar, que vai definir quais valores, interesses e prioridades vão traçar o seu caminho e a sua persona. É preciso definir que tom adotar, que timbre dar às palavras; definir se o texto vai ser engraçado ou sinistro, ou as duas coisas. Com muita frequência o que surge não é o que você

pretendia; acaba ficando claro que você é outra pessoa, com outras coisas a dizer e outras maneiras de dizê-las (o que se chama "ter uma voz" é, no início, como se uma pessoa que você não conhece muito bem chegasse à sua porta com um foco e um tom diferentes do que você esperava). Você descobre qual ética está implícita ou explícita na maneira como você descreve o mundo, quais ideias de beleza vai procurar, quais serão seus temas, ou seja, o que é importante para você — todas essas coisas rotuladas como um estilo, uma voz, um tom, e atrás desse rótulo está a grande questão do próprio eu.

Voltei para a declaração de Di Prima em seu famoso "Rant" [Queixa]. Mais abaixo, o poema continua:

> *Não há como escapar da batalha espiritual*
> *Não há como evitar tomar partido*
> *Não há como não ter uma poética*
> *o que quer que você faça: encanador, padeiro, professor*
> *você faz com a consciência de estar criando*
> *ou não criando o seu mundo.*

A voz que saía de mim quando eu falava em ambientes sociais ou, às vezes, até mesmo para um único amigo ou amiga, usava uma armadura de quinhentos quilos e era incapaz de dizer qualquer coisa direta sobre as emoções, que mal estava sentindo, ou sentindo através de tantos filtros que mal sabia o que estava me levando para lá ou para cá. Mas essa era a voz que eu cresci ouvindo e aprendi a imitar e depois promulgar — uma voz que se esforçava para ser inteligente, legal, afiada, divertida, se esforçava para atirar flechas certeiras e se desviar das que voltavam, ou fingir que não doeram. Era uma voz baseada em piadas e tiradas muitas vezes cruéis, em um jogo em que quem se mostrasse magoado ou ofendido por essas estocadas era considerado uma pessoa sem senso de humor, ou sem força, ou sem outras qualidades admiráveis. Eu não compreendia o que estava fazendo, porque não compreendia que havia outras maneiras; mas isso não significa que não tenha sido maldosa em certas ocasiões. (Mais tarde, descobri que as críticas contundentes e sarcásticas eram as mais fáceis e divertidas de escrever, mas eu tentava reservá-las apenas para sucessos muito louvados.)

Havia outro tipo de humor, espirituoso porém pesado, todo contorcido, cheio de citações, trocadilhos e brincadeiras em cima de expressões conhecidas, sempre dando voltas em torno do que estava acontecendo e do que você estava sentindo. Era como se, quanto mais indireta e referencial fosse sua frase, quanto mais distante da sua reação imediata e autêntica, tanto melhor. Levei muito tempo para compreender que a inteligência pode ser uma limitação, e compreender que a malevolência atinge não só a outra pessoa como também as possibilidades para você, a pessoa que fala; e compreender que é preciso coragem para falar com o coração. A voz que eu tinha na época puxava bem pesado para a ironia, para dizer o oposto do que eu queria dizer; uma voz que eu usava muitas vezes para dizer algo a alguém a fim de impressionar outras pessoas; uma voz em que eu não sabia bem o que pensava e sentia, porque era a lógica do jogo que determinava os movimentos. Era uma voz dura e áspera, presa com rédea curta.

Essa voz não aparece apenas nas conversas, mas está dentro da sua cabeça: você nunca pensa "essa doeu", ou "me sinto triste", mas elabora comentários irados sobre o interlocutor, aquela pessoa terrível, e vai acumulando camadas de raiva para evitar aquilo que está doendo ou te assustando por baixo de tudo isso, até chegar a um ponto em que você não conhece a si própria, nem o seu estado de espírito, e nem sabe se é você mesma que está contando essa história que joga mais lenha na fogueira. E geralmente você também não conhece as outras pessoas, exceto na medida em que elas te afetam; é um fracasso da imaginação, tanto em se aprofundar dentro de si mesma como em tentar alcançar os outros.

    Mas essas eram apenas as histórias internas. As histórias que eu queria escrever e a pessoa que iria escrevê-las ainda não tinham nascido. Eu sabia quem eu admirava, mas não quem eu era. Não se pode escrever nem uma linha sequer sem uma cosmologia. Eu tinha tanto trabalho pela frente, e fui fazendo devagar, por etapas. Fui muitas escritoras diferentes ao longo de um caminho em que meus diversos livros e ensaios são marcos, ou peles de cobra descartadas. Na escola de jornalismo aprendi a escrever relatos diretos e lineares, apesar de que meu primeiro professor ficava aborrecido com minha incapacidade de escrever aqueles textos monótonos que ali passavam por objetividade jornalística, algo que já naquela época eu via como uma voz masculina. Eu conseguia me abster de dar opiniões, me esforçando muito, mas não de usar adjetivos.

    A série de TV *Dragnet*, que já era velha na época, abria cada episódio com uma voz masculina bem grave, durona, declarando firmemente: "A história a que você vai assistir agora é verdadeira. Os nomes foram mudados para proteger os inocentes". Era como a prosa de Ernest Hemingway, que meu primeiro professor de inglês da faculdade insistia em dizer que era o pináculo do bom texto, aquela linguagem despojada, ritmada, concisa, imbuída de masculinidade, com palavras parcimoniosas envoltas em silêncios. Era uma voz que policiava muitas coisas e deixava muito sem dizer, tal como o estilo irônico da minha família. Para mim, o tom que tínhamos que usar como jornalistas parecia aquele tom, apesar de que podíamos, pelo menos, citar pessoas mais expressivas e emotivas.

    Eu queria uma linguagem que pudesse ser simples e clara quando o assunto pedisse; mas por vezes a clareza requer complexidade. Acredito no irredutível, na invocação e na evocação, e gosto de frases que não são como rodovias expressas, mas sim como aleias sinuosas, com um desvio ocasional ou uma pausa para apreciar a vista, já que uma trilha para se caminhar a pé é capaz de atravessar terrenos íngremes e sinuosos por onde não passa uma estrada pavimentada. E sei que, por vezes, o que se chama de digressão é puxar um passageiro que caiu do barco. Eu queria que a língua inglesa fosse um instrumento capaz de tocar muitos tipos de música. Queria um texto capaz de ser luxuoso, sutil, evocativo, capaz de descrever a névoa, o humor, a esperança, e não apenas fatos e objetos sólidos. Queria mapear a maneira como o mundo está conectado por configurações, intuições, semelhanças. Queria perceber os desenhos perdidos que existiam antes de o mundo se despedaçar, e encontrar os novos desenhos que podíamos formar unindo os cacos.

ALGUMAS UTILIDADES DAS MARGENS

1.

Está escrito a lápis em uma grande folha de papel-jornal já amarelada. A metade inferior tem linhas bem espacejadas para quem está aprendendo a escrever, e tenho bastante certeza de que esse foi o meu primeiro ensaio, minha primeira redação, no primeiro ano primário. Ela diz, na íntegra: "Quando eu crescer, nunca vou me casar". A ilustração na metade superior mostra um homem de camisa vermelha com uma cabeleira preta enrolada como um halo em volta da cabeça e uma mulher loira com uma saia roxa de babados. "Case comigo", diz ele num balão de quadrinhos, e ela diz: "Não, não".

É cômico e horrível, sinal de que eu estava vendo a vida da minha mãe e pensando, seja o que for que eu fizer, vou tentar não fazer o que ela fez, porque era bem claro que ela se sentia aprisionada e impotente num casamento violentamente infeliz. Sou fruto de uma vítima e do seu opressor, produto de uma história que na época não podia ser contada. A maioria das histórias convencionais para as meninas e mocinhas terminava no casamento. Ali as mulheres desapareciam. Fim da história. Mas, então, o que aconteceu e quem eram elas? O conto de fadas *Barba Azul* fala de uma mulher que descobre, desobedecendo às ordens do marido e usando a chave proibida para abrir a sala de torturas cheia de cadáveres das suas antecessoras, que tinha se casado com um *serial killer*, cuja intenção de matá-la só aumentou ao perceber que ela compreendera a situação. É um conto de fadas excepcional, pois ela sobrevive, e ele não.

Eu acabava de rejeitar a história principal que se oferece às mulheres e em breve decidiria me encarregar, eu mesma, das histórias. Ou seja, naquele primeiro ano de alfabetização, depois de um breve período em que quis ser bibliotecária porque elas passam o dia todo em meio aos livros, acabei percebendo que existe alguém que realmente escreve cada livro e decidi que era isso que eu queria fazer. Um objetivo tão firme, fixado desde cedo, simplificou meu caminho, apesar de a tarefa de escrever nunca ser simples. Tornar-se escritor formaliza a tarefa que todos temos pela frente ao construir nossa vida: tomar consciência de quais são as histórias mais gerais e abrangentes, e se elas servem para você ou não, e como compor uma versão que tenha espaço para quem você é e o que você valoriza.

Mas, quando se trata de escrever, cada capítulo que construímos é rodeado pelos outros que não construímos, cada confissão fica rodeada pelo que continua secreto, ou indescritível ou não lembrado; apenas uma parte do caos e da fluidez da experiência pode ser peneirada e arrebanhada nas páginas, quaisquer que sejam as suas intenções e até mesmo seus temas. Você não está esculpindo em mármore; está agarrando punhados dos destroços que chegam, vindos de um rio turbulento; você pode organizar os detritos, mas não pode escrever o rio inteiro. Embora faltem tantos pedaços nas histórias dos que vieram antes, compreendo agora de que modo os estragos profundos passados pelos meus avós formaram os meus pais, e como as histórias públicas moldaram a nossa vida privada, de diversas maneiras. Já vivi o bastante para conhecer cinco gerações da minha família e perceber como o peso da história que aconteceu duas gerações antes de mim — fome, genocídio, pobreza, as brutalidades da emigração, a discriminação, a misoginia — ainda tem consequências duas gerações depois de mim. Escrevi os obituários dos meus pais naquela mesma escrivaninha que ganhei da mulher que não morreu, e vivi na paz que surgiu depois que eles se foram. Não estou interessada nas brutalidades da infância, em parte porque esse tema já foi bem estudado e meditado, ao contrário das brutalidades que vêm depois.

Um fio, uma linha de costura é uma metáfora errada para coisas que se ramificam, se bifurcam, levando a muitas direções; mas talvez a forma como muitas fibras são torcidas para formar uma linha significa que acompanhar uma linha deve ser desfazê-la, ou reconhecer seus fios individuais. Por exemplo, ao terminar a pós-graduação, consegui um emprego numa pequena revista de arte, como assistente editorial; logo me tornei editora assistente, conforme o título, e mais ou menos editora executiva, conforme o que eu realmente fazia. Ali aprendi muitas coisas, desde as regras da edição de texto até como dirigir uma equipe de pessoas mais velhas que eu, para montar uma publicação; e aprendi muito sobre arte contemporânea, especialmente da Califórnia. Eu escrevia obituários, resenhas, matérias de capa, algumas reportagens investigativas e intermináveis textos para preencher lugares vazios nas páginas; e, com a dona da revista, ajudava a editar umas dez matérias, em geral muito mal escritas, que recebíamos toda segunda-feira, até ficarem prontas para mandarmos para a gráfica na quinta à tarde. Era um escritório só com mulheres, no centro da cidade de Oakland; ali eu trabalhei por três anos e meio depois de me formar em Berkeley, um refúgio de calma e rotina; e, embora não fosse uma ótima revista, ali aprendi coisas ótimas.

Sou imensamente grata pelo fato de que meu caminho para a escrita fez um desvio pelas artes visuais. Era uma arena onde os artistas faziam perguntas que se aprofundavam até os alicerces e se espalhavam em todas as direções. A arte podia ser praticamente qualquer coisa, ou seja, cada premissa estava aberta ao questionamento, cada problema à exploração, cada situação à intervenção, e passei a compreender a arte visual como uma investigação filosófica feita por outros meios. Aprendi muito prestando atenção no trabalho de alguns artistas, conversando com outros, colaborando com outros e passeando por textos constantemente referenciados no mundo artístico na época — os filósofos franceses e as feministas francesas, o pós-modernismo e outras coisas densas das quais se podiam aproveitar muitas ideias úteis.

Uns dois anos depois de concluir a pós-graduação, ainda trabalhando na revista, fui a uma palestra da fotógrafa Linda Connor sobre paisagem e gênero. Ela tinha uma coleção bem divertida de imagens de homens urinando e dando tacadas em bolas de golfe a partir de lugares muito altos, e propunha uma teoria, a partir dessas fotos e de muitas outras fotos contemporâneas mais sérias, que os homens fotografam o espaço, enquanto as mulheres fotografam o lugar. Foi uma palestra engraçada, direta, perspicaz, sobre como representamos os lugares e qual é, supostamente, o nosso lugar. Não sei se hoje algum de nós concordaria com as categorias tão bem organizadas com que ela classificava o mundo na época, mas ela se apresentava como alguém que tinha a chave de uma porta — uma porta que eu gostaria de destrancar e por ali passar.

Arranjei algumas encomendas de matérias para escrever sobre Linda e aprender mais. Ela era dezesseis anos mais velha que eu, no apogeu da vida, com uma vasta auréola de cabelos encaracolados, um vasto círculo de amigos e uma casa repleta de curiosidades e objetos que trouxera de viagens ao redor do mundo, sempre com um ar despreocupado, fosse para fazer um jantar para quarenta pessoas ou para atravessar desertos e montanhas carregando sua enorme câmera de fole, que produzia negativos de 20 × 25 centímetros. Suas fotos em preto e branco eram impressas em papel fotográfico, um papel arcaico sensível à luz — mas não muito sensível; para revelar, ela apenas colocava o papel embaixo dos negativos e deixava ao sol durante horas no seu quintal, o que dava uma sensação de uma atividade tão doméstica como pendurar roupas no varal.

Como ela estava viajando enquanto já corria meu prazo para escrever a matéria, perguntei se poderíamos conversar durante essa viagem para o Novo México, para onde eu iria junto. Foi um verdadeiro tutorial de como fazer uma viagem — ela era uma guia sensacional para lanchonetes, campings e pousadas, sabia quando fazer um desvio e quando percorrer uma longa distância. Numa tarde no início de agosto, estacionamos num grandioso edifício antigo, o Hotel La Fonda, no centro de Santa Fé, onde ela havia marcado um encontro com dois outros artistas: Meridel Rubenstein, também fotógrafa de paisagens, que eu conhecia de longe, e seu marido, o pintor Jerry West. Tínhamos percorrido o caminho todo diretamente, como uma flecha zunindo pelo ar, passando por muitas outras coisas, até atingir exatamente esse alvo — uma mesinha em uma saleta à meia-luz, nesse hotel cheio de salas e recantos, onde a assistente de Meridel, Catherine Harris, já estava sentada. Pedimos margaritas, e Meridel e Jerry me convidaram para me hospedar com eles, na casa de campo que Jerry construíra nos arredores da cidade, em terras que seus pais haviam ganhado do governo durante a Grande Depressão.

Comecei então a conversar com Catherine — uma jovem artista de uma beleza *dark*, de ombros queimados de sol num macacão branco sem mangas. Ficamos grandes amigas, talvez as melhores amigas uma da outra, por vários anos; depois tivemos um afastamento que também durou vários anos; certo dia sonhei com ela e na manhã seguinte a encontrei na rua — ela havia se mudado para San Francisco; trocamos telefones e continuamos do ponto em que tínhamos parado. Não sou uma boa escritora de memórias nesse aspecto; não consigo reconstruir uma versão convincente de nenhuma conversa que tivemos, nem mesmo a longa conversa no último verão na sua casa em Albuquerque, onde ela mora com o marido, duas crianças e alguns cachorros.

Essas conversas eram analíticas, confessionais, em geral pontuadas por muitas gargalhadas, pegando as diversas peças soltas da nossa educação, as ideias, os modelos, as classificações, e testando para ver como se encaixavam nas nossas necessidades pessoais urgentes. De uma coisa me lembro bem: como nos divertimos certa vez ao rejeitar o ecofeminismo da "Mãe Terra" quando observamos que ambas as nossas mães — cheias de nojos, ansiosas, com repulsa pelo corpo humano, seus cheiros, suas secreções — não se pareciam nem um pouco com a natureza. E naturalmente, naqueles primeiros anos nós conversávamos sobre rapazes — de quem estávamos correndo atrás, com quem estávamos nos enrolando ou desenrolando —, mas isso se misturava aos livros, à política, às ideias, projetos e planos.

Quando estávamos tomando café da manhã no jardim da casa de Meridel e Jerry, um ou dois dias depois que a conheci, Catherine me contou, vendo-me desembaraçar meu cabelo molhado, que dois dias antes havia assistido, num pueblo, a uma festa folclórica da colheita do milho, onde vira mulheres de cabelo tão comprido que chegava à bainha dos seus longos vestidos; depois contou sobre um ensaio fotográfico que havia feito com as alunas de uma escola para indígenas. Uma das meninas lhe contou que havia cortado suas longas tranças. Essa história acabou entrando em um ensaio meu, pois Catherine disse que a criança "ficou envergonhada de voltar pra casa depois; e quando voltou, seu avô a repreendeu com brandura, dizendo que seus cabelos continham todos os seus pensamentos e suas lembranças".

Eu já tinha publicado resenhas e matérias jornalísticas, mas agora estava explorando uma escrita mais íntima, lírica, em que o espírito que guiava as conexões e a trajetória era intuitivo e associativo, ao invés de linear ou lógico. Os resultados eram breves e densos, embora esse ensaio em particular fosse um emaranhado de histórias sobre o cabelo e seu poder. O caso contado por Catherine me ofereceu a conclusão. Ela então tirou uma foto em que estou sentada numa cadeira olhando para trás, para ela, com meu cabelo chegando até a cintura, contra o fundo de uma das paredes de adobe inacabadas de Jerry, com o concreto raspado toscamente para fazer o barro aderir.

Começamos a nos corresponder por carta, em seguida por e-mail, e depois nos lançamos numa série de aventuras, indo e voltando de carro entre Santa Fé e San Francisco, fazendo projetos juntas e incentivando uma a outra, enquanto ela se desenvolvia como artista, depois arquiteta e paisagista, e eu seguia sempre escrevendo. E assim, a partir da palestra de Linda, em que entrei tão casualmente, surgiram ideias sobre lugares e paisagens; surgiram também amizades e colaborações com todos esses quatro artistas, uma amizade muito querida com Catherine, em especial, e uma historieta sobre o cabelo como um repositório da memória. E também uma volta à região onde passei os dois primeiros anos da minha vida e pela qual me apaixonei quando adulta, devido à sensação de que há um tempo profundo na terra e às constantes mudanças no céu.

Nossa vida não deveria ser mapeada em linhas, mas sim em galhos que vão se ramificando. Meridel me apresentou a pessoas que se tornaram amigos importantes para mim no Novo México, e desde então volto para lá quase todos os anos, no verão. Essa paisagem se tornou uma das minhas maiores alegrias. Jerry aprofundou minha compreensão dessa área onde já vive há mais de oitenta anos e que retrata em seus quadros com tanto amor. Catherine mudou-se para Nova York por alguns anos; assim, visitei a cidade pela primeira vez já adulta, para me hospedar com ela (como jovem crítica de arte, eu achava que provavelmente deveria me mudar para lá e mergulhar mais fundo no mundo artístico, ou galgar alguns degraus nesse mundo, mas quando comecei a me focar no Oeste do país, senti um enorme alívio ao perceber que, ao escrever sobre esses lugares, consegui escapar daquele destino).

Talvez se possa contar uma história da maneira como as crianças brincam de amarelinha — voltando ao início e seguindo um pouco além a cada vez, jogando sua pedrinha em outro quadrado, cobrindo a mesma área mas buscando algo um pouco diferente a cada jogada. Não se pode contar tudo de uma vez, mas pode-se cobrir o mesmo terreno de várias maneiras diferentes, ou traçar uma rota através dele. Em 1988 fui pela primeira vez à Área de Testes Nucleares de Nevada para participar das imensas demonstrações dos ativistas antinucleares — que, aliás, meu irmão ajudava a organizar. Esse foi um caminho por onde segui até muito longe, conhecendo pessoas extraordinárias e encontrando uma outra rota para as paisagens onde eu almejava estar, em um mundo muito além de San Francisco. Um caminho, ou um portão.

Certo dia, lá no deserto de Nevada, encontrei o fotógrafo Richard Misrach, caminhando com sua enorme câmera de fole pendurada casualmente a tiracolo. Suas fotos coloridas em tamanho grande, mostrando lugares de violenta destruição no Oeste do país, tiveram enorme impacto na época e foram objeto de controvérsia por parte de pessoas que julgavam que ele estava glorificando as coisas erradas, talvez porque acreditassem que apenas o bem deve ser belo, enquanto ele estava interessado na tensão entre uma beleza horrível e o que ela exige de nós quando o ético está em desacordo com o belo ou o sublime. Ele se tornou outro artista cuja obra me provocou muita reflexão — sobre o conflito entre a beleza e a moralidade, a invisibilidade e a onipresença de certos tipos de violência, o legado da conquista do Oeste e o que ele costumava chamar de "não a representação política, mas sim a política da representação". Mais tarde, nos anos 1990, escrevi os textos para dois de seus livros de fotos.

O apoio desses artistas que estavam tão mais adiantados do que eu em seu trabalho e na percepção que cada um tinha do seu propósito e da sua própria pessoa me deu confiança para avançar também, deixando de me considerar jornalista e crítica de arte para tentar ser escritora. Ou melhor, foi isso que eles me disseram que eu era quando quiseram trabalhar comigo, me fazendo lembrar que essa fora a minha meta original, que eu abandonara de alguma maneira. A crítica e o jornalismo pareciam formas subordinadas da escrita nos quais estamos sempre a serviço de um tema e trabalhando dentro de regras limitadoras. Ser vista como escritora me deixou livre para sentir que tudo era possível e tudo estava disponível.

Certo dia, uma artista que eu conhecia me disse que Ann Hamilton estava preparando uma instalação em um espaço industrial na cidade e procurava voluntários para ajudar; assim, fui até o Capp Street Project, localizado numa antiga oficina mecânica no bairro Mission. Ann ganhara fama, recente e repentinamente, por suas imensas e ambiciosas instalações, muitas delas envolvendo vastos conjuntos de pequenos objetos e materiais e animadas por artistas que apresentavam suas performances durante toda a mostra. Ann era apenas cinco anos mais velha que eu, de uma firmeza e modéstia típicas do Centro-Oeste, mas também com uma autoconfiança extraordinária, manifestada na enorme escala e no esforço exigido pelas suas obras, numa época em que muitas artistas jovens faziam trabalhos mais semelhantes a miniaturas.

Ann havia convertido boa parte do orçamento da sua exposição em moedas de um centavo, pois se sentia ambivalente em relação aos orçamentos extravagantes para projetos assim. Os 750 mil centavos provindos dos 7500 dólares seriam exibidos na mostra, depois retirados e levados ao banco para serem lavados, contados e convertidos em uma verba que poderia ser doada para algum projeto educacional. Nesse meio-tempo, ela estava preenchendo quase todo o chão daquele espaço com um vasto retângulo, de 10 × 14 metros, de moedinhas de um centavo, colocadas, uma por uma, no chão de cimento "sobre uma pele de mel". O mel era o adesivo, mas também uma referência a outro sistema de circulação do dinheiro, unindo as duas ideias — como as abelhas armazenam o seu trabalho e como nós armazenamos. Na infância, Ann tinha se impressionado muito com o trabalho de um pedreiro levantando uma parede; depois começou a fazer arte por meio de tecidos. Estava interessada em saber como um pequeno gesto, repetido muitas vezes, pode se tornar algo grande; assim, três quartos de um milhão de gestos colocaram outro tanto de moedas numa reluzente pele de dinheiro.

Em algum momento durante esse processo, fiquei de joelhos e me pus a colocar as moedas no chão; pouco depois Ann fez o mesmo e começamos a conversar. Nós colocávamos as moedas no chão sem tentar formar nenhum desenho, mas as variações naturais nas longas fileiras formavam uma textura ondulada, ou como escamas numa pele de cobra; as moedas rebrilhavam na luz, e o aroma do mel se exalava do chão. Não sei o que havia mudado, mas no início dos anos 1980 eu dificilmente conseguia me conectar com qualquer pessoa e ainda não havia encontrado ninguém com afinidade comigo, nem as conversas que eu sonhava ter. No fim da década eu já conseguia me relacionar e já havia encontrado os meus amigos.

A obra de Ann, feita com a ajuda de muitas mãos, se chamava *privation and excesses* [privação e excessos], e numa ponta daquele grande tapete de dinheiro havia uma artista, uma pessoa de camisa branca, sentada, segurando no colo um chapéu de feltro de abas largas cheio de mel. A performance consistia em enfiar as mãos no mel mantendo o olhar perdido ao longe, em um calmo distanciamento dos espectadores. Incluir uma performer significava que o tempo gramatical da obra era o presente, enquanto ela era feita, e não um passado já terminado. Posteriormente, em outras instalações dela, os performers ficavam desfazendo alguma coisa, desmanchando ou apagando, de modo que a obra ia sendo desfeita e ao mesmo tempo feita durante todo o tempo da mostra.

Mais tarde, Ann pegou alguns daqueles centavos convertidos em moeda comum e me deu para que eu escrevesse um ensaio sobre essa instalação. Mas, antes disso, ela pediu que eu fosse uma das performers. Em retrospecto, hoje acho encantador que ela tenha me convidado tanto para entrar na conversa como para ficar em silêncio. Para fazer essa performance era preciso ficar sentada em uma cadeira de espaldar reto durante três horas seguidas, olhando para a frente, com instruções — felizmente — para ignorar todas as perguntas dos visitantes sobre o significado daquela obra de arte. Havia um cercadinho com três carneiros atrás da pessoa sentada, e os sons e os cheiros dos carneiros, assim como o cheiro do mel, as moedas — tudo isso fazia parte do que a pessoa absorvia quando executava a tarefa.

Quando a gente é criança, mandam você não se sujar, não brincar com a comida no prato, não fazer bagunça; e enfiar as mãos no mel até os pulsos era uma transgressão maravilhosa contra tudo isso, assim como um prazer sensual. Para a primeira performer do dia, o mel ainda estava frio e um pouco duro no início, mas logo se aquecia com o calor das mãos e começava a fluir. É possível segurar o mel nas duas mãos em concha, escorrendo um pouco, porém o trabalho naquela instalação não era segurar, mas sim deixar o mel se mover, tirá-lo do chapéu e deixá-lo escorrer novamente, mantê-lo sempre em movimento com as mãos, enquanto o restante da sua pessoa permanecia imóvel, em silêncio, fitando o nada, a mil quilômetros dali.

Inquieta, nervosa e impaciente por natureza, pensei que eu teria muita dificuldade para ficar sentada três horas seguidas; mas descobri que as instruções me protegiam contra meu próprio sentimento, de que eu tinha que estar disponível para dar informações (e realmente havia pessoas que vinham pedir explicações sobre a instalação), e tinha que passar cada momento da vida me ocupando e sendo produtiva. Em vez disso, descobri que eu me ressentia contra a pessoa que vinha me substituir quando eu era a primeira performer do dia, ou contra o funcionário da galeria que vinha me dizer para encerrar quando eu era a última.

Certo dia, muitos anos depois, aquelas horas que passei sentada imóvel, com as mãos mergulhadas no mel morno, me voltaram como a lembrança dos momentos mais calmos da minha juventude, algumas horas de pura existência, tão doces como o mel que grudava embaixo das minhas unhas, um raro momento de ser em meio a toda aquela azáfama de fazer e me desenvolver.

2.

Jogando amarelinha: voltar um pouco para trás, depois cobrir o mesmo terreno outra vez. Meu pai morreu em viagem, do outro lado do mundo, nos primeiros dias de 1987, e com a sua morte senti segurança suficiente para derreter um pouquinho o gelo e abrir o que tinha sido fechado. Finalmente comecei a sentir emoções em resposta a acontecimentos de muito tempo antes, como se eles tivessem ficado congelados naquela época anterior, tão lúgubre; e já podia, por fim, classificar aqueles acontecimentos nos meus próprios termos, como cruéis e errados. Mais tarde naquele mesmo ano, meu namorado de longa data se mudou para Los Angeles; lidar com o resto da minha família era especialmente difícil para mim; eu estava vivendo de um seguro-desemprego de um trabalho do qual fui demitida logo depois que saí da revista de arte, e ainda de algumas economias, pequenas quantias ganhas com resenhas e ensaios em revistas locais e alguns bicos de escritório em empresas da cidade.

Decidi que quem não tem mais nada a perder está livre. E o que eu queria era escrever um livro sobre a comunidade que eu havia descoberto, incluindo os participantes que conheci pessoalmente, quando escrevi minha tese de pós-graduação sobre Wallace Berman, quatro anos antes. Enviei uma proposta à editora City Lights Books; foi aceita no início de 1988, e assim recebi meu primeiro adiantamento por um livro, de 1500 dólares. Eu tinha vontade de escrever livros desde aquela redação anticasamento na primeira série, porque eu amava os livros mais do que quase tudo, porque os via como uma espécie de talismã com uso prático. E a única maneira de estar mais perto desse encantamento era escrever livros, em vez de apenas ler livros. Eu queria trabalhar com as palavras e ver o que elas são capazes de fazer. Queria reunir fragmentos e formar com eles novos desenhos. Queria ter plena cidadania desse outro mundo etéreo. Queria viver através dos livros, nos livros e para os livros.

Era um belo objetivo, ou melhor, uma bela orientação quando ainda estava distante, durante toda a minha infância, adolescência e anos de faculdade; mas quando chegou a hora de pôr em prática — bem, a montanha é bela à distância, mas é íngreme quando estamos nela. Tornar-se escritor formaliza algo essencial que faz parte de se tornar um ser humano: a tarefa de descobrir quais histórias contar, como contá-las e quem você é em relação a elas; quais histórias você escolhe e quais escolhem você; e o que desejam as pessoas ao seu redor, o quanto você deve ouvi-las e o quanto deve ouvir outras coisas, mais profundas e mais distantes. Mas também há o seguinte: você tem que, realmente, sentar e escrever. A essa altura eu já havia publicado muitos ensaios e resenhas, mas escrever um livro inteiro — era como passar de erguer um galpão para construir um palácio.

Esse primeiro livro começou com aquela obra de arte que eu tinha visto certo dia em 1982 na parede do escritório do Museu de Arte Moderna de San Francisco. Era uma colagem quadrada em preto e branco de Wallace Berman, uma grade de dezesseis imagens de uma mão segurando um rádio portátil, quatro de largura e quatro de altura, a mesma mão e o mesmo rádio, cada vez mostrando uma imagem diferente no rádio.

Entre as imagens havia figuras humanas, incluindo um nu, um jogador de futebol, uma figura frágil que podia ser Gandhi, uma orelha humana, um morcego pendurado de cabeça para baixo, uma agulha hipodérmica, um revólver, e a mesma serpente sinuosa duas vezes na fileira de baixo. Eram imagens em negativo, de modo que tudo parecia não natural, um pouco onírico. Era como se cada imagem fosse um som traduzido como figura visual; como se cada uma fosse uma mensagem, um aviso, uma proclamação ou uma revelação. Ou uma música. Algumas letras hebraicas escritas em branco sobre o fundo preto afirmavam que o místico e o esotérico podiam coexistir com a cultura pop, que algumas das antigas divisões eram desnecessárias ou ilusórias. A obra fora feita com uma versão antiga de uma fotocopiadora chamada Verifax. Intitulava-se *Silence Series #10*.

Berman era, como meu pai, filho de judeus imigrantes, criado em Los Angeles. Ao contrário de meu pai, era um homem suave, delicado, sutil, que optara por viver à margem da sociedade e da economia, primeiro na cena do swing e do jazz em Los Angeles, depois em meio a místicos, alternativos, artistas e rebeldes. Como ele mesmo previra, morreu ao fazer cinquenta anos, no dia do seu aniversário, atingido por um motorista bêbado, dirigindo seu carro esportivo numa estrada estreita e sinuosa, a caminho de sua festa de aniversário num dos cânions nos arredores de Los Angeles, numa noite em 1976. Depois de ser processado por obscenidade por sua primeira exposição de arte, em 1957, decidira manter um perfil discreto. Meu título original para o livro era *Swinging in the Shadows* [Gingando nas sombras], tirado de um cartão-postal que ele escreveu à pintora Jay DeFeo, em que dizia que iria ganhar algum dinheiro e depois voltaria novamente às sombras, balançando, "gingando"; mas meu editor não aprovou.

Para minha tese, reuni informações sobre a vida de Berman a partir do que as pessoas ao seu redor tinham a dizer, do que a própria arte dele me dizia, e de arquivos e histórias orais, catálogos de exposições, velhas cartas e cartões-postais que as pessoas ainda conservavam. Ao fazer isso, percebi uma série de coisas; uma delas é que houve uma vanguarda na Califórnia nos anos 1950 que fora ignorada nas histórias oficiais, uma série de grupos e comunidades envolvidas em cinema, poesia, artes visuais, tradições e práticas espirituais esotéricas e não ocidentais, drogas alucinógenas. Uma vanguarda que ajudou a fomentar a contracultura dos anos 1960, um reino de experimentação, rebelião e reinvenção. Era sobre isso que eu queria escrever no meu livro — não um só artista, mas uma comunidade de artistas.

Naquela época, considerava-se que a história cultural era uma sequência linear, que tinha se desenrolado na Europa e depois em Nova York, e a Califórnia era uma área desprezada do interior, um lugar onde se supunha que nunca aconteceu muita coisa. Alguém certa vez zombou de uma amiga minha que estava escrevendo uma tese em Yale sobre a história do Oeste norte-americano, dizendo que "na Califórnia as pessoas não leem livros", como se todos os poetas das montanhas, os acadêmicos nas cidades e os índios contadores de histórias nos 99 idiomas nativos da Califórnia, desde o deserto no sudeste até as florestas do noroeste, se resumissem a um banhista de cabeça de vento tomando sol numa praia. Em 1941, Edmund Wilson escreveu: "Todos os visitantes que vêm da Costa Leste conhecem o estranho feitiço de irrealidade que parece tornar a experiência humana na Costa Oeste tão falsa quanto um ninho de duendes a céu aberto, e não subterrâneo". Em 1971, Hilton Kramer escreveu no *New York Times* que a Bay Area de San Francisco se caracterizava pela "ausência de certa energia e curiosidade, certa complexidade e um elã indispensáveis", e apelidou o estilo de um dos artistas de "Dude

Ranch Dada" [dadaísmo de hotel-fazenda], embora os hotéis-fazenda fossem principalmente um fenômeno da zona montanhosa do Oeste, a centenas de quilômetros do litoral. As coisas vistas à distância parecem pequenas e carecem de detalhes; e quando eu era adolescente, víamos a Califórnia através dos telescópios da Costa Leste, isso quando a víamos. Essa época de desdém e rejeição ainda não havia terminado quando eu era uma jovem escritora.

Ao escrever esse livro descobri, por mim mesma, que me sentia grata por termos uma fronteira com o México, estarmos de frente para a Ásia e ficarmos longe da influência da Europa, mais longe do que seria plausível para transmitir legitimidade — e também impulsos convencionais. Compreendi por que tantos escritores, de Mark Twain a Susan Sontag, Seamus Heaney e Alexander Chee, tinham vindo para a Califórnia para se livrar de alguma coisa, e depois voltar já transformados. Muitos anos depois, uma estudante que acabara de se mudar de Nova York para a Bay Area de San Francisco (e antes disso havia emigrado de Mumbai) me transmitiu sua angústia por não estar mais no centro das coisas, com a implicação de que o que importa são os centros. Fui para casa e comecei a pensar no valor das margens.

Eu havia escrito a respeito das margens no meu trabalho sobre a esperança e a mudança social, pois vinha acompanhando a maneira como as ideias passam das sombras e das margens para o centro, e como o centro gosta de esquecer ou ignorar essas origens — ou, apenas, o fato de que os que estão na área iluminada não conseguem enxergar o que está nas sombras. As margens também são o lugar onde a autoridade diminui e as ortodoxias se enfraquecem. Comecei a aprender sobre tudo isso com Wallace Berman, que conscientemente escolhera viver em diversas margens — economicamente precário, subcultural, por vezes morando, literalmente, nas beiras, no limite, em casas empoleiradas sobre palafitas nos desfiladeiros de Los Angeles e nos pântanos salgados da Bay Area. E lá desses locais ele havia influenciado pessoas que saltaram para a luz dos holofotes — poetas, artistas, atores como Dennis Hopper, Russ Tamblyn e Dean Stockwell. Um sinal da influência de Berman é a sua inclusão na colagem da capa do *Sgt. Pepper's Lonely Hearts Club Band*, álbum dos Beatles de 1967; outro foi um pequeno papel como semeador em outra obra de arte icônica da época, o filme *Easy Rider*, de Dennis Hopper, de 1969. (O nome da revista de Berman impressa à mão era *Semina*, que em latim significa "sementes" e "sêmen"; ele foi um semeador — é o que ele faz, literalmente, na sua ponta em *Easy Rider* —, mas também um cultivador de sementes que outros semearam.)

Mergulhar na sua vida e no seu meio implicou entrevistar, primeiro para a tese e depois para o livro, pessoas que eu ainda considerava adultos — isto é, adultos assustadoramente mais velhos do que eu. Eram da geração dos meus pais, mas eram pessoas que tinham vivido uma vida de grandes aventuras, assumindo riscos, sem almejar a estabilidade e sem se arrepender de nada disso. Meus pais, mesmo depois de décadas na classe média, eram tão governados pelo medo da pobreza da época da Grande Depressão que levavam uma vida apertada e cautelosa. Aquelas pessoas extravagantes, da mesma geração deles, apresentavam um belo modelo alternativo de como viver a vida. Quando comecei aquele livro, quatro anos depois de me formar, ainda não sabia que eu mesma nunca mais teria um emprego normal. Teria um trabalho sem fim, escreveria muitos livros, muitos ensaios e artigos, e atuaria um pouco como ativista e como professora; mas nunca mais voltaria a ter uma vida de funcionária com salário e chefe.

3.

A estrela Polar está tão longe da Terra que sua luz leva mais de trezentos anos para chegar até nós; e até mesmo a luz da estrela mais próxima leva quatro anos. Um livro é um pouco semelhante a uma estrela — o que você lê é aquilo em que o autor estava mergulhado, apaixonadamente, muito tempo antes, simplesmente devido ao tempo que um livro leva para ser escrito, editado, impresso e distribuído. E porque muitas vezes o tempo que se leva para fazer um livro significa que ele representa o resíduo dos interesses que o precederam. No final da década de 1980, novos interesses começaram a eclipsar os anteriores; eu me envolvi de uma nova maneira com as ideias sobre natureza, paisagem, gênero e o Oeste norte-americano.

Aquele primeiro livro tratava de revisitar e completar algo significativo que eu havia encontrado anos antes. Concentrei-me em seis artistas — três do sul da Califórnia e três da Bay Area — cujas vidas, obras e ideias se mesclaram quando eles se tornaram amigos e às vezes colaboradores, na década de 1950: Jess (que abandonou seu sobrenome quando deixou a ciência para entrar na arte e assumir uma vida abertamente gay, numa época em que isso era de uma ousadia sobre-humana), Jay DeFeo, Bruce Conner, George Herms, Wally Hedrick e Wallace Berman. Cada um deles havia optado, de várias maneiras, por levar uma vida discreta, descobrir o que poderia significar fazer arte, como poderia ser uma vida cheia de arte e, então, fazer arte e viver a arte. Conner, Hedrick e DeFeo tiveram chances de ir para Nova York e se tornar estrelas, mas declinaram a oportunidade.

O idealismo deles era sustentado pela afluência da época e pela sua própria frugalidade, pela fuga da população branca que deixou as cidades cheias de moradias baratas e, ainda, pelos salários elevados, que permitiam a um casal ou uma família viver razoavelmente com a renda de um único emprego de meio período. Mesmo nos anos 1980, essa liberdade de ir e vir, de parar de pagar o aluguel durante meses e depois encontrar outro lugar agradável para morar, de entrar e sair da economia, parecia um modo de vida estranho de um povo livre da Antiguidade. Os artistas sobre os quais escrevi atuavam nas margens do círculo dos beats ou passaram por ali, e a história bem conhecida dos beats como um grupo de escritores da Costa Leste, todos homens, se transformou em algo maior e mais interessante, incluindo esses artistas visuais e cineastas experimentais, e também os poetas que fizeram parte de outros movimentos, notadamente o que foi chamado San Francisco Renaissance, incluindo o companheiro de Jess, Robert Duncan, e ainda Jack Spicer e Michael McClure, que passaram por diversos mundos.

Aprendi com esses personagens que antes de poder fazer arte, é preciso haver uma cultura onde fazê-la, um contexto que lhe dê significado, bem como pessoas com quem aprender e para quem mostrar seu trabalho. Por meio de galerias de vida curta, revistinhas minúsculas, noitadas com projeção de filmes, leituras de poesia, amizades, eles faziam a cultura acontecer no seu próprio meio — não porque fossem excludentes, mas sim por serem excluídos. Passei a entender alguns princípios gerais sobre como as culturas evoluem e mudam, e como as ideias migram das margens para o centro. Eles se misturavam com músicos de jazz, bandas de rock, traficantes de drogas, gangues de motoqueiros, várias subculturas gays, experiências sociais, heróis da contracultura. Tinham entre si aquela camaradagem que por vezes ainda vejo em cidades pequenas e comunidades conservadoras, onde as pessoas "excêntricas" costumam ficar juntas porque as diferenças entre elas são insignificantes diante da diferença entre elas e a sociedade hostil ao redor.

Em geral se retrata a pesquisa como uma atividade árida e laboriosa, mas, para quem tem gosto por esse trabalho de detetive, a perseguição é emocionante — sair à caça dos dados, tirar coisas obscuras dos seus esconderijos, encontrar os fragmentos que se encaixam formando uma imagem. Os fragmentos são histórias, fatos, manuscritos e cartas, fotografias, recortes de jornais antigos, volumes encadernados de revistas que ninguém abre há anos, alguma coisa que alguém lhe diz numa entrevista que não havia dito a ninguém exatamente dessa maneira. Ao fazer meus primeiros livros, fiquei espantada ao ver que havia tanta coisa para abordar até então negligenciada, tópicos que me pareciam significativos, e passei a achar que era uma vantagem estar numa área tão esquecida e descartada.

Algumas das minhas primeiras aventuras na pesquisa foram cômicas. Quando trabalhava na minha tese, liguei muitas vezes para o ator-diretor Dennis Hopper no Novo México, na esperança de falar com ele sobre Berman; ele sempre respondia cordialmente que teria prazer em conversar, mas será que eu poderia ligar mais tarde? Depois de dezenas de ligações, a conta telefônica ficou alarmante e eu desisti. E não tentei ligar de novo quando transformei o projeto num livro, embora ele estivesse morando em Los Angeles, porque fiquei aterrorizada com a sua atuação no filme *Veludo azul;* mas seu assistente me ajudou e me deu seis fotos para usar no livro, feitas a partir dos seus negativos originais (quando jovem, Hopper foi um fotógrafo talentoso). Até ganhei de um boêmio, num quartinho onde passei uma hora agradável, um relato (um tanto difícil de compreender, pois ele havia tirado as dentaduras) e também uma fotocópia inédita de uma carta que um amigo lhe enviara sobre uma leitura de poesia na Six Gallery em outubro de 1955, que ficou famosa porque foi quando Allen Ginsberg leu seu "Howl" [Uivo] pela primeira vez. O momento dramático dessa guinada revolucionária de um poeta ofuscou a poesia protoambiental que Michael McClure e Gary Snyder leram naquela noite. Os relatos em geral diziam pouco sobre o local — uma galeria tipo cooperativa de artistas onde Wally Hedrick era um dos diretores e o instigador das leituras. A carta era um documento delicioso, que me transmitiu a sensação que um participante teve naquele evento, antes de o evento em si e os artistas beat oficiais que ali estavam serem mitificados.

A não ficção, quando alcança seu melhor nível, é um ato de montar novamente o mundo — ou rasgar um pedaço dele para descobrir o que está escondido embaixo das suposições ou convenções — e, nesse sentido, a criação e a destruição podem se assemelhar. O processo pode ser incandescente de excitação, seja encontrando uma informação inesperada ou reconhecendo os desenhos que começam a se formar quando os fragmentos vão se encaixando. Algo que você não conhecia bem entra em foco, e o mundo faz sentido de uma nova maneira, ou uma antiga suposição é destruída, e você tenta anotá-la e conservá-la.

De certa forma, esse tem sido o trabalho da minha vida, procurar os padrões, as tendências gerais e a tarefa de reconectar o que foi fragmentado — em geral fragmentado pelas categorias que decompõem um assunto, uma história, um significado e o dividem em subcompartimentos; e estando neles, não se pode enxergar o todo. Embora exista um tipo de especialização que vem de um foco microscópico, eu costumava buscar os desenhos que se revelam ao abranger amplas áreas do espaço, ou do tempo, ou da cultura, ou das categorias. A arte de distinguir constelações no céu noturno aparece repetidamente como uma metáfora para esse trabalho.

Isso era verdade, até certo ponto, acerca do assunto daquele primeiro livro, cuja trajetória fora praticamente ignorada pelas narrativas lineares da história da arte, do cinema e da literatura. O que importava era traçar as relações entre cinema, poesia e artes visuais, entre as drogas, as filosofias esotéricas e não ocidentais, a dissidência política e a cultura gay, tais como eram vividas entre os membros de um grupo de gente moderna, avançada, que poderia ser descrito como de vanguarda se não tivesse também uma ação catalítica numa contracultura, que era o que importava. Meus artistas não estavam muito bem documentados além daquelas entrevistas de história oral e não eram muito visíveis, apesar de que a maioria deles, em especial DeFeo e Conner, receberam bem mais atenção posteriormente.

Muitas obras dos artistas eram colagens, literalmente: dos seis artistas centrais do livro, Jess, Berman, George Herms e Bruce Conner eram conhecidos principalmente por suas colagens e montagens tridimensionais. Jay DeFeo era, como Wally Hedrick, basicamente pintora; seu trabalho muitas vezes mostrava uma poderosa forma solitária, mas ela também se aventurou pela colagem em diversas ocasiões, misturando pintura, fotografia e objetos encontrados. A colagem cria algo novo sem ocultar os vestígios do antigo, cria um novo conjunto a partir de fragmentos, sem apagar a fragmentação; surge de uma ideia de criação não como fazer algo a partir do nada, tal como Deus no primeiro dia, ou os pintores e romancistas, mas sim como criar alguma outra coisa a partir de um mundo já explodindo de imagens, ideias, destroços e ruínas, artefatos, estilhaços e resquícios.

A colagem é, literalmente, uma arte dos limites, uma arte do que acontece quando duas coisas se confrontam, ou uma extravasa em cima da outra, quais conversas surgem da conjunção das diferenças, e como as diferenças podem alimentar um novo todo. Para esses artistas, era também uma arte da pobreza, de usar materiais surrupiados das casas vitorianas que iam sendo derrubadas no bairro negro ao redor, arte feita com sobras de brechós, com recortes de revistas. Conner chegou a fazer suas primeiras experiências com cinema usando pedaços de filmes prontos porque não tinha dinheiro para comprar uma câmera, e depois adotou essa recontextualização como seu gênero preferido; ou então misturava imagens novas e já existentes, fazendo filmes influentes pela inventividade da edição e do ritmo.

Montar essa imagem da minha parte do mundo tal como ele existia pouco antes de eu chegar ali era um paraíso de ideias e de reconhecimento de tendências, talvez mais ainda porque foi a primeira vez que fiz isso numa escala tão grande. Ao conhecer o passado da minha cidade e da minha região, os lugares por onde eu sempre havia passado iam adquirindo novas camadas de significado. Eu estava escrevendo sobre o mundo tal como era até o momento em que nasci nele, e foi um trabalho fundamental para eu poder avançar nesse mundo. Estava escrevendo uma história cultural que dava à minha parte do mundo uma importância e um leque de possibilidades que eu nunca vira antes. Fui me tornando especialista em um tema, e isso também trazia suas recompensas.

MERGULHANDO NOS DESTROÇOS

1.

Quando escrevi aquele livro, fiz várias entrevistas com homens heterossexuais que pensavam que eu devia ser uma espécie de groupie, e demonstrar um profundo conhecimento do meio em que eles atuavam era uma maneira de dissipar um pouco disso: não estou entusiasmada por conhecer você, estou entusiasmada para reconstruir como tudo isso aconteceu em 1957, e já tenho a maioria das peças do quebra-cabeça, mas gostaria de lhe perguntar algumas coisas. Lembro-me de que um deles me convidou para sentar no sofá com ele e colocou meu gravador entre nós dois, como uma pequena barreira; outro parecia muito animadinho e brincalhão ao antecipar algum divertimento que poderia acontecer entre nós; e também anos de assédio sexual de Bruce Conner, que eu tentava manter à distância chamando-o de tio Bruce e sua esposa de tia Jean, para lembrar, entre outras coisas, nossa diferença de idade. A conduta do artista brincalhão parecia vir de algo muito familiar para mim — a ideia de que, já que as mulheres jovens não são ninguém, nada que você fizer com elas ficará registrado — o que era desconcertante, uma vez que eu estava, justamente, fazendo o registro da vida dele e das suas realizações.

Como parte da minha pesquisa, paguei para assistir a vários curtas-metragens no Pacific Film Archive e no Canyon Cinema; porém havia um que não vi na época, mas do qual já havia lido bastante a respeito. As obras de arte que você só conhece por ler ou ouvir falar assumem suas próprias dimensões, e muitas vezes ganham vida na imaginação antes de as vermos na realidade. Meu filme imaginário, que era de uma jubilosa libertação, definhou quando finalmente assisti a *Pull My Daisy*. Codirigido pelo pintor Alfred Leslie e pelo fotógrafo Robert Frank, tinha narração em off de Jack Kerouac.

O filme começa com uma mulher abrindo as cortinas e apanhando do chão as roupas do marido: "Amanhece o dia no universo. A esposa está se levantando, abrindo as janelas. Ela é pintora e o marido trabalha na estrada de ferro...". Ela nunca adquire um nome e nunca pinta, mas é apenas a esposa, é quem serve o café da manhã do garoto e o manda para a escola; cuida da casa e representa todas as coisas de que os homens estão fugindo ou evitando e, com certeza, desprezando. Ela não parece estar presente quando Allen Ginsberg, de casacão, e mais Gregory Corso e Peter Orlovsky, amante de Ginsberg, irrompem pelo apartamento e começam a beber e festejar. Os homens entram e saem com bebidas e cigarros, apaixonados por si mesmos e pela noção de que são belos e cativantes. Num dado momento, Ginsberg rola no chão como um cachorrinho; outro aconchega nos braços uma jarra de vinho como se fosse um ursinho de pelúcia; a narração de Kerouac diz: "Vamos brincar de caubói", e eles começam a discorrer sobre que tipo de caubói é cada um deles.

O drama central se desenrola quando cai a noite e chega um bispo, convidado pela esposa, acompanhado por sua mãe e sua esposa. É um jovem com um terno branco espalhafatoso, e nunca chegamos a descobrir de qual igreja ele é bispo, embora fique claro que ele representa tudo que é ortodoxo. A gangue de poetas é grosseira com ele; agem na certeza de que a grosseria é mais uma marca da libertação. Porém a mãe do bispo, formal e enfadonha, é interpretada por Alice Neel, uma pintora cuja obra, em geral retratos e nus, já na década de 1930 era original, arrojada e transgressora. A esposa diligente e astuta do marido/ferroviário é representada pela belíssima Delphine Seyrig, que se tornou uma grande estrela de cinema e depois uma voz importante do feminismo na França.

Assim, duas grandes artistas, uma em seu auge e outra no início da carreira, interpretam pessoas insípidas, enfadonhas, que não têm nome, são apêndices: literalmente, uma esposa, uma mãe. (O ferroviário, sempre chamado pelo nome, Milo, é interpretado pelo pintor Larry Rivers.) Quando os poetas beat, que são chamados pelos seus nomes verdadeiros, interrompem Alice Neel, que está tocando órgão, e começam a tocar jazz, devemos entender que ela também representa a convenção, e eles representam a improvisação e tudo que é bacana e avançado. E então todos os homens, exceto o bispo, que já tinha ido embora com a família, saem para a noite, para curtir, brincar, e a esposa fica em casa com o filho e a louça para lavar. Eu sempre ouvira falar desse filme como uma celebração da libertação, mas só se pode interpretá-lo dessa maneira imaginando que você é um dos poetas, não uma das mulheres. Se você é uma das mulheres, acabam de lhe dizer que você não é ninguém, é apenas uma prisão para um homem, uma chata rabugenta e um peso para ele arrastar.

Como é possível fazer arte quando toda a arte ao seu redor não para de mandar você calar a boca e lavar a louça? O que fazer com heróis da cultura que exerceram efeitos benéficos, mas não para você nem para pessoas como você, seja por malevolência pessoal ou categórico desprezo? Os beats pairavam sobre a minha geração — ou eles, ou versões codificadas deles. Meus anos de formação foram repletos de homens que queriam ser Kerouac e que viam esse trabalho como a busca da liberdade, e viam a liberdade como libertar-se de obrigações e compromissos; e, quando se tratava de arte, a viam como espontaneidade e fluxo de consciência, arte liberta da composição e do planejamento. Houve vários assim, incluindo um rapaz doce, muito bonito, com quem fui à minha primeira ação antinuclear na Área de Testes de Nevada, em 1988; e também um conhecido da faculdade, um indigente arrogante que, vários anos antes, viera pedir guarida no quarto onde eu morava com meu colega gay, e depois de devorar tudo que havia na geladeira, rabiscou várias acusações contra nós em seu diário, que deixou aberto em cima da mesa.

Eu gostava, sem dúvida, de algumas coisas no estilo da prosa de Kerouac, só não gostava da política de gênero dos três que eram os mais citados quando se falava nos beats. Para mim, essas posições políticas haviam contaminado *On the Road*, de Kerouac, quando li, na adolescência. Cheguei até o encontro do protagonista com Terry — "uma garota mexicana muito bonitinha", que depois ele chama de "uma mexicana burra" com "uma cabecinha simples, engraçada". E então o protagonista — um Kerouac levemente ficcionalizado — vai embora e deixa a garota para trás. Como no filme, a mulher é um objeto estacionário; o homem é um peregrino e um viajante heroico. Ele é Ulisses, ela é Penélope; mas Homero se interessou pela heroica luta da mulher que ficou em casa. A mim parecia que eu nunca seria aquele protagonista, viajando com total liberdade; estava mais próxima da jovem mexicana numa fazenda da Califórnia que é deixada para trás; assim, abandonei a história pelo meio. O livro continuaria seguindo seu caminho sem pessoas como eu, e eu continuaria seguindo sem ele.

Anos antes de escolher o movimento beat como tema, tive uma sensação ainda mais intensa de apagamento na inauguração de uma exposição fotográfica de Ginsberg. Nas paredes havia dezenas de fotos em preto e branco autografadas, mostrando seus amigos homens em diversos lugares, tendo aventuras, tendo um ao outro, tendo o mundo inteiro como sua ostra, seu lar; e então, uma ou duas fotos da irmã e da mãe de Peter Orlovsky, ambas com doença mental, sentadas na beira da cama, tristes, sem saída, sem esperança. Eram, se bem me lembro, as únicas mulheres retratadas na exposição. Tal como em *On the Road* e *Pull My Daisy*, eram objetos imobilizados, num contexto onde a liberdade se equiparava à mobilidade.

Fiquei furiosa em silêncio, naquela época em que não tinha ideias feministas claras, apenas sentimentos confusos e rudimentares de indignação e insubordinação. Um grande desejo de tumultuar o evento tomou conta de mim; eu queria gritar, e queria gritar que eu não estava perturbando nada, pois uma mulher não é ninguém; gritar que, já que eu não existia, meus gritos também não existiam e não podiam ser condenáveis. Naquela sala de exposições, naquele momento, senti com total clareza e raiva a minha inexistência, que normalmente era apenas uma ansiedade melancólica um pouco abaixo da superfície. Mas fiquei calada; contribuir para a ideia de que as mulheres são um estorvo, são loucas, raivosas, intrometidas, incapazes, não iria ajudar em nada.

Muitas vezes um fenômeno que parece revolucionário graças a alguma nova característica pode ser visto como enfadonho e convencional devido a outros que se destacaram menos na época. Os homens considerados como os principais beats estavam abrindo espaço para serem gays ou bissexuais, para fazer experiências com drogas, com a alteração da consciência, com práticas e filosofias espirituais não ocidentais, para tentar encontrar na literatura branca equivalentes das grandiosas experiências dos músicos negros de jazz, para fazer da improvisação, da cultura pop e da linguagem tipicamente norte-americana algo que fosse realmente daquele tempo e daquele lugar, e não uma deferência disfarçada à cultura europeia.

Além disso, a maioria deles desprezava as mulheres e, nesse aspecto, pertencia plenamente ao seu tempo e seu lugar — os anos 1950 nos Estados Unidos, uma década que odiava as mulheres, cujos principais luminares literários foram apelidados, alguns anos atrás, de *Midcentury Misogynists* [Misóginos dos anos 1950]. Assistir a *Pull My Daisy* mais uma vez me fez voltar ao livro de Leslie Fiedler de 1960, *Love and Death in the American Novel*. O cânone norte-americano era, conforme a leitura de Fiedler, a literatura masculina; e, embora menosprezasse a maioria dos homens que citava, também menosprezava as mulheres por não as citar. Ele observou que o tema mais geral de *Aventuras de Huckleberry Finn*, *Moby Dick* e alguns dos romances de James Fenimore Cooper passados no Oeste era o amor entre um homem branco e um não branco, e que essa literatura ocorria nos grandes espaços abertos do país, onde os homens eram livres para perambular e as mulheres estavam ausentes. "Como livros para meninos, deveríamos esperar que apresentassem, timidamente, sem culpa, o amor casto entre homens como a experiência emocional máxima — e é justamente, espetacularmente, o que acontece nesses livros." Um pouco menos casto entre os beats, mas também coisa de garotos.

Mais tarde ele observa sobre as mulheres nesses livros: "Só na morte elas podem receber um abraço tão puro quanto o dos homens. A única mulher boa é uma mulher morta!". Naquele dia não gritei, mas em outra ocasião consegui me vingar da santíssima trindade dos beats, numa noite de fevereiro, aos vinte e poucos anos. Eu havia começado a publicar meus textos, então deve ter sido no início de 1984; a mulher que era minha editora em uma pequena revista de música e cultura me disse que o trio Survival Research Labs iria dar uma festa de aniversário para William

Burroughs. Tratava-se de uma performance punk em que os três homens criavam máquinas distópicas que se moviam, giravam, avançavam sobre a plateia e se autodestruíam com labaredas e explosões. Ela me disse então (mas não sei se é verdade) que uma artista notável havia cortado o cabelo e adotado um visual andrógino para poder trabalhar com Burroughs, e que todos na festa — como em todas as festas punk daquela época — iriam usar jeans preto e jaqueta de couro, o uniforme dos caras machões, e as mulheres iriam atenuar sua aparência feminina, e todo mundo ficaria por ali fazendo pose de durão e angustiado.

Naquela primavera, o ensaio contundente de Luc Sante sobre Burroughs na *New York Review of Books* me impressionou profundamente. Ele citou Burroughs dizendo a um entrevistador: "Nas palavras de um grande misógino, o Mr. Jones de *Vitória*, de Joseph Conrad: 'As mulheres são uma maldição perfeita'. Creio que elas foram um erro básico, e todo o universo dualista evoluiu a partir desse erro". Escreve Sante: "Ele associa as mulheres aos aspectos mais repressivos da cultura ocidental, e não tem nenhuma necessidade sexual delas; elas são supérfluas e impeditivas. Quando o difícil problema da reprodução for resolvido, as mulheres serão simplesmente eliminadas pela nossa vontade". Burroughs havia matado a tiros Joan Vollmer, sua esposa, em 6 de setembro de 1951, e embora existam versões conflitantes de como e por que ele lhe pediu que colocasse um copo na cabeça para ele poder "brincar de Guilherme Tell", o que está claro é que ele apontou uma arma para ela, acertou na testa e ela morreu.

Um rapaz com quem convivi nos meus vinte anos, o melhor amigo do irmão mais novo do meu namorado, estava mais apaixonado por Burroughs do que qualquer um que eu conhecia, embora muitas pessoas que eu conhecia venerassem o velho escritor, naquela época em que ele era visto como um dos patronos da cultura punk. O rapaz era gay, isolado da sua família do Texas, tentando encontrar um caminho; era um músico talentoso, porém devoto à ideia do desregramento dos sentidos através das drogas como o caminho mais magnífico para o gênio artístico. Esse desregramento veio de Arthur Rimbaud, um século antes, e evoluiu para outro elemento da contracultura — o conceito de que para chegar ao seu eu criativo você tem que foder com a sua cabeça, que existe um gênio escondido por trás das inibições e basta deixar o gênio sair e entrar em ação, sem planos, sem disciplina, sem estrutura.

Burroughs era visto por alguns jovens à minha volta como um exemplo disso tudo e havia passado um bom tempo tomando muitas drogas, resguardado por uma mesada da família e um corpo aparentemente de ferro. Aquele jovem conhecido meu não tinha nenhuma das duas coisas. Lembro-me com afeto de uma noite em que ele estava tendo alucinações, com marcadores coloridos na mão, tentando desenhar em qualquer papel (incluindo capas de discos) e rabiscando diretamente no chão do meu apartamento. Mais tarde, é com tristeza que me lembro dele se tornando cada vez mais viciado em metanfetamina e depois um sem-teto andando descalço na Market Street, com jeans sujos, incapaz de me reconhecer. Por algum tempo foi cuidado por um homem mais velho, muito bondoso; e depois ouvi dizer que pulou da ponte Golden Gate — uma jovem alma, doce e talentosa, que morreu devido a muitas coisas, inclusive à mitologia predominante.

Fui à festa de aniversário de Burroughs com minha editora, as duas com vestidos de chiffon, no espaço industrial do Survival Research Labs, debaixo de um viaduto. Ela era uma figura plena, com um longo cabelo loiro, e seu vestido era lindo, esvoaçante, bem decotado; eu usava um traje que eu considerava minha roupa de "bailarina morta". Provavelmente tinha sido um vestido infantil que ficou mofando durante anos em algum porão até eu encontrá-lo num brechó. Tinha um corpete minúsculo com fileiras de rendas amareladas, sem alças, embora eu tivesse improvisado uma alça com uma das rendas meio rasgada, e uma saia mídi, feita de pétalas soltas de um tecido semitransparente.

Já descobri muitas vezes que quero fazer jus à roupa que estou vestindo, e uma roupa festiva produz um espírito festivo; assim, lá estávamos as duas nessa festa, rindo, falando bem alto, flertando para lá e para cá, balançando os braços, exalando perfume, sorrindo com nossos sorrisos de batom, olhando em volta livremente com nossos olhos bem pintados, no meio de pessoas ali paradas, tão inexpressivas que pareciam ter virado pedra. O homem que acompanhava Burroughs estava tirando fotos e quis nos fotografar com o convidado de honra; assim, insistiu para nós duas ficarmos junto a Burroughs, uma de cada lado, e ele se encolheu todo, em seu ser já tão mirrado, aparentemente horrorizado. Já o descrevi como se ele fosse, naquele momento, uma lesma no meio de dois saleiros. Foi muito gratificante — e depois seguimos em frente.

2.

Escrever é uma arte, publicar é um negócio; ao iniciar meu primeiro livro, lancei-me em uma série de aventuras com editoras, pequenas e grandes. Escrever consistia em ficar sozinha numa sala com ideias, com fontes e com a língua inglesa, e corria bem, de modo geral. Publicar consistia em negociar com empresas que sempre tinham mais pessoas e mais poder; por vezes agiam como minhas advogadas e colaboradoras, e por vezes como minhas adversárias.

Numa noite de inverno, não muito tempo atrás, fui com minha amiga Tina assistir *The Post — A guerra secreta*, num cineminha na zona oeste de San Francisco, onde o céu é mais escuro, o vento é mais forte e tudo parece um pouco mais sonhador. O filme narra duas histórias entrelaçadas: uma sobre a decisão do *Washington Post* de publicar um artigo sobre os Documentos do Pentágono, o material vazado por Daniel Ellsberg que deixou claro que a Guerra do Vietnã se baseava numa mentira; e outra sobre a maneira como Katharine Graham, que havia galgado ao posto de editora do jornal pouco antes, após a morte do marido, tomou posse, simultaneamente, dos seus negócios e de si mesma, afastando os homens que a tratavam com paternalismo, enquanto ela deixava de lado suas próprias dúvidas sobre suas qualificações para assumir o poder e tomar decisões com consequências capazes de mudar o mundo.

Nós duas apreciamos o passeio de carro e o ar fresco da noite; e antes disso, também apreciamos a pipoca, os cenários e o guarda-roupa republicano vintage da Katharine Graham cinemática, e as cenas das impressoras rolando, produzindo os jornais. Quando saímos do cinema para uma noite muito escura, comecei a falar sobre as minhas lutas iniciais com o mundo editorial. Fazia muito tempo que eu não me recordava quão amargos foram meus primeiros esforços para publicar meus livros — ou melhor, quão fervorosamente vários homens tentaram me impedir de publicar. Tive a sorte de conseguir superar os obstáculos que eles ergueram, mas presumo que outras escritoras não tiveram. E agora percebo como era branco, e continua sendo todo branco o mundo editorial; e que, embora algumas portas tenham batido na minha cara devido ao meu gênero, outras se abriram devido à minha raça.

Alguns estragos foram engraçados, à sua maneira. Havia um editor que mudou várias coisas aleatoriamente no manuscrito do meu primeiro livro, de modo que a artista francesa Niki de Saint Phalle se tornou Niki de Saint Paul, icônico virou irônico, 1957 virou 1967. A razão dessa sabotagem incoerente não sei, mas quando lutei contra, fui tratada como se eu devesse aceitar com espírito esportivo os erros aleatórios inseridos no meu manuscrito. Lembro-me de outro editor que me escreveu uma mensagem contundente sobre o final inconclusivo desse livro; ele havia perdido o último capítulo do manuscrito, mas nem imaginou que o erro fosse dele. O processo de produção do livro se arrastou por mais um ano devido à minha inexperiência e incapacidade de me defender efetivamente contra intervenções estranhas como essa.

E havia o editor e poeta beat Lawrence Ferlinghetti, o diretor da editora e dos negócios da empresa. Já se passaram mais de trinta anos desde que assinei o primeiro contrato para um livro com a City Lights Booksellers & Publishers e, naqueles primeiros anos, eu ia muito ao escritório da editora, no último andar da livraria, aonde voltei muitas vezes como leitora e amiga de alguns funcionários e, ocasionalmente, fiz leituras de trechos em eventos da livraria. Durante todas essas décadas Lawrence Ferlinghetti, que passeava por lá regularmente, nunca me dirigiu a palavra, nem mesmo em circunstâncias em que falar comigo seria o normal. Eu nunca tinha certeza se ele não queria ou não podia falar. Às vezes eu pensava que ele tinha uma espécie de diagrama de Venn em que os autores ou historiadores da City Lights eram um grupo que não tinha relação com jovens loiras, de modo que eu era categoricamente inexistente.

Certa vez, quando eu já trabalhava com a City Lights havia mais de dois anos, Ferlinghetti apareceu, junto com seu editor-chefe, numa festa de lançamento de livro que ajudei a organizar para meu amigo Brad Erickson, autor de um manual de ativismo. Uma semana depois, Brad e eu nos encontramos na City Lights, e Ferlinghetti veio descendo a escadinha ao lado da porta da famosa livraria. Olhou para nós dois: uma pessoa que ele encontrara apenas uma vez, brevemente, e outra cujos livros ele estava publicando e que já vira dezenas de vezes nos últimos anos. Daí disse: "Olá, Brad". Não que eu quisesse especialmente ser amiga dele, mas é normal que seu editor diga "Olá" para você. Em retrospecto, isso tudo me faz crer que aquele meu desejo na exposição de fotos de Allen Ginsberg, anos antes, de afirmar aos gritos a minha inexistência tinha uma base real.

Outras coisas foram menos engraçadas. Conversando com Tina no ar cortante de inverno, lembrei-me, pela primeira vez em vários anos, de como outro velho poderoso tentou destruir aquele meu primeiro livro. John Coplans fora um dos fundadores da *Artforum*, a mais ousada das grandes revistas de arte norte-americanas, nascida em San Francisco em 1962; ele escrevera vários artigos para a revista sobre os artistas da Bay Area. Nos anos 1980 teve algum sucesso como fotógrafo. Seu tema era seu próprio corpo nu — envelhecido, todo caído, peludo, retratado de perto em preto e branco como uma espécie de monolito ocupando todo o espaço na foto.

Em 1991, quando saiu meu livro *Secret Exhibition: Six California Artists of the Cold War Era* [Exposição secreta: Seis artistas californianos da era da Guerra Fria], Coplans mandou um advogado escrever uma carta para a City Lights acusando-me de difamação. Wally Hedrick, um dos seis artistas californianos que eram o tema desse meu primeiro livro, havia pintado versões da bandeira dos Estados Unidos desde 1953; de alguma forma, havia perdido ou destruído todos esses quadros, que poderiam ter tido algum status como marcos da arte do país, já que o pintor nova-iorquino Jasper Johns ficou famoso por ter começado a pintar a bandeira americana um pouco mais tarde. (Pintou muitas delas em preto em protesto contra a Guerra do Vietnã.) Um dos quadros de Hedrick, escrevi em meu livro, "sobreviveu até 1963, quando (segundo Hedrick) o crítico de arte John Coplans o tomou emprestado para uma pesquisa de dez anos sobre a obra de Hedricks mas nunca o devolveu. Pedira para levar o quadro a uma mulher interessada em comprá-lo, porém desde então a obra nunca mais foi vista".

Coplans alegou que isso não apenas fazia dele um ladrão, mas que nunca conhecera Hedrick pessoalmente. Pelo que me lembro, a carta do advogado sugeria que, se destruíssemos todos os exemplares do livro, nenhuma iniciativa legal seria tomada. Era espantoso o desejo de aniquilar, assim casualmente, todos os anos de trabalho e a conquista de um objetivo que um primeiro livro representa. Também não ajudou nada que o editor que recebeu a carta julgou, aparentemente, bastante plausível que eu tivesse cometido um grave erro com os fatos. Naqueles dias eu raramente era considerada possuidora de muita competência ou credibilidade, quer se tratasse de interações pessoais ou de história da arte.

Ainda conservo o hábito de reunir provas para me respaldar, e foi o que fiz: fui à biblioteca do Museu de Arte Moderna de San Francisco e xeroquei uma pilha de materiais sobre as conversas e colaborações dos dois homens já publicadas. Creio que meu editor encaminhou o material ao advogado. Os exemplares não foram destruídos, mas o livro teve uma vida extremamente modesta e hoje está esgotado. Uma das duas resenhas publicadas atribuiu a autoria do livro ao poeta e crítico Bill Berkson, que escreveu um prefácio muito gentil, abrindo com uma citação de Mina Loy: "A tragédia mais comum é sofrer sem ter aparecido".

Em 2008 escrevi um ensaio chamado "Os homens explicam tudo para mim", que contém a frase "A credibilidade é uma ferramenta básica para a sobrevivência". De certa forma, a credibilidade também é a minha profissão ou, pelo menos, parte do equipamento necessário para qualquer escritor de não ficção. E no início tive que lutar por isso. Ou seja, tive que lutar para convencer os outros, tanto na vida pessoal quanto na profissional, a me dar crédito, a admitir que tenho a capacidade de perceber os acontecimentos com um grau razoável de precisão. Mas a frequência desse tipo de experiência semeou no meu íntimo a dúvida sobre mim mesma, de modo que a luta não era apenas contra os outros.

Nem sempre é possível dizer que determinado evento climático se deve à mudança climática global, mas é bem evidente que a mudança climática determina as tendências; e o mesmo se pode dizer sobre a discriminação: este ou aquele evento, em particular, pode ser devido, ou não, às atitudes de alguém sobre as pessoas da nossa categoria, mas o efeito cumulativo sugere um padrão. Em retrospecto, creio que se eu não tivesse vivido numa cultura na qual as ameaças contra mim e a violência contra as mulheres ao meu redor eram reais e prementes, e se o desdém desses escritores tão louvados na minha juventude não fosse tão cáustico, essas ações contra mim poderiam parecer uma série de incidentes lamentáveis, não relacionados entre si.

Meu segundo livro foi muito diferente do primeiro e teve um início auspicioso: em 1991, enviei uma proposta à editora Sierra Club Books numa segunda-feira, recebi a ligação de um editor na terça e tive uma reunião com ele na quarta. O contrato do livro veio logo depois. Vendi meu Datsun B210 velho de guerra e gastei parte do adiantamento de 12 mil dólares numa caminhonete usada, uma Chevrolet S10 branca com carroceria de trailer, para prosseguir com a minha pesquisa pelo Oeste do país. Minha vida havia mudado enquanto escrevi *Secret Exhibition*, e se esse primeiro livro assentou os alicerces para que eu pudesse compreender a história recente da Califórnia pouco antes da minha época, o segundo seria uma investigação mais ampla e mais profunda sobre todo o Oeste norte-americano — seus mitos, suas guerras e seus pontos cegos, suas maravilhas, seus criminosos e suas heroínas.

Esse livro, *Savage Dreams: A Journey into the Hidden Wars of the American West* [Sonhos selvagens: Uma viagem às guerras ocultas do Oeste norte-americano], focava em como a invisibilidade permite a atrocidade. A guerra que é o fulcro da primeira metade do livro ocorreu na Área de Testes de Nevada, onde as guerras nucleares, geralmente consideradas como algo terrível que poderia acontecer algum dia, estavam de fato acontecendo, a um ritmo aproximado de uma bomba nuclear por mês, de 1951 a 1991, ou seja, mais de mil detonações ao todo, com um impacto calamitoso no ambiente local e nos seres humanos da região. A segunda metade do livro era sobre o Parque Nacional de Yosemite, onde as guerras contra os índios, amplamente consideradas como algo ruim que aconteceu há muito tempo, estavam ocorrendo no presente, por outros meios, contra os povos nativos; estes, ao contrário da crença geral da época, não tinham desaparecido, se evaporado, nem alcançado o fim da trilha, nem partido a cavalo rumo ao sol poente, nem sido os últimos do seu povo. Os povos nativos tinham se tornado invisíveis devido às representações, ou melhor, às não representações — nas placas de sinalização no terreno, no mais visível dos seus dois museus, nas práticas de gestão da terra e na imagem de Yosemite divulgada pelos artistas e organizações ambientais como um lugar virgem, desabitado, recentemente descoberto por pessoas brancas, e onde só havia lugar para o ser humano como visitante.

Ou seja, meu argumento era que as guerras do futuro e do passado estavam se sobrepondo no presente e não estavam sendo reconhecidas, de modo geral, devido à maneira como pensamos a guerra, o Oeste norte-americano, a natureza, a cultura e os povos nativos. Fui beneficiária de uma revolução nas ideias que estava em andamento acerca de todas essas coisas. Os nativos estavam afirmando que nunca tinham ido embora, nunca tinham desistido dos seus direitos, nunca tinham esquecido sua história; e que a terra tinha uma história, uma história de culturas que não eram separadas da natureza, nem destruíam a natureza. Foi uma ideia nova, revolucionária, para pessoas não nativas como eu, uma recuperação depois do que já foi chamado de aniquilação simbólica, termo que designa a não representação de um grupo — seja um gênero, uma etnia, uma orientação sexual — na cultura popular ou nas artes e nas versões oficiais da sua sociedade ou região. Entre outras coisas, essas novas ideias desfizeram a divisão binária entre natureza e cultura, tão utilizada para organizar as ideias na época.

Meu editor me incentivou. Mas quando o manuscrito ficou pronto, em 1993, ele o enviou para uma avaliação por pares a dois autores de livros sobre a história do Oeste norte-americano. Um deles era Evan S. Connell, cuja história sobre Custer e a Batalha de Little Bighorn era tão experimental que pensei que ele teria uma reação positiva, mas ele considerou meu livro incoerente e repreensível, o que foi uma decepção para mim, embora aceitável como opinião. O outro cara, autor de um livro sobre um parque nacional, ficou aborrecido com minhas ideias sobre Yosemite, insistindo em interpretar o que descrevi como "pontos cegos" culturais como se fossem conspirações intencionais, cuja existência ele negava. A epígrafe do livro era a sentença espetacular de James Baldwin: "É a inocência que constitui o crime" — ou seja, não é a astúcia, mas sim o esquecimento, seja intencional ou não, que está por trás de tanta brutalidade. Em uma carta longa e indignada, ele me acusou, entre outras coisas, de "desonestidade intelectual" e "intenções ocultas" e escreveu: "Tomei a liberdade de copiar minhas observações para alguns colegas respeitados, entre eles dirigentes do parque Yosemite".

Respondi a ele que minhas intenções não eram ocultas e acrescentei: "Hoje conversei com meu ex-professor Ben Bagdikian sobre o assunto e ele condenou essa ação, julgando-a errada. Bagdikian, antigo ombudsman do *Washington Post*, atualmente professor de jornalismo na Universidade da Califórnia-Berkeley e uma autoridade nacional em ética jornalística, disse que, embora seja habitual fazer circular artigos acadêmicos inéditos no meio acadêmico para serem avaliados, as circunstâncias aqui são diferentes: seu ataque ao meu livro não foi enviado a autoridades imparciais, mas sim a partes interessadas e que, além disso, são funcionários do governo — um comprometimento inédito da independência jornalística em relação a textos sobre questões sociais e políticas. Um efeito provável de tal ato é criar pressão sobre os editores para suspender a publicação". Recrutar um homem poderoso para o meu lado, assim como atirar no conflito outros dados já publicados, foi outra jogada de xadrez para compensar a minha falta de credibilidade — ou sensação de falta de credibilidade — no conflito. Apontei para o meu editor que aquele leitor, furioso com meus pecados de interpretação — e apenas com esses pecados —, aparentemente não havia encontrado nenhum erro factual que valesse a pena mencionar.

A credibilidade é uma ferramenta básica para a sobrevivência. O livro passou pelos processos editoriais costumeiros e saiu no outono de 1994. Um dos assuntos do livro eram as armas nucleares e as campanhas contra elas; e como meu irmão mais novo era ativista antinuclear e uma pessoa bondosa e solidária, me ajudou a organizar uma sequência de palestras pelo Oeste, usando suas redes de contatos para me conseguir convites para falar em faculdades, estações de rádio e grupos ativistas, e depois me acompanhou nessa viagem de 12 mil quilômetros na minha caminhonete Chevrolet. Durante toda essa jornada nós nos hospedamos com amigos e conhecidos, principalmente dele. Em Dallas, no Texas, nosso anfitrião nos perguntou educadamente qual rota tomamos de San Francisco até lá, e fiquei contente em poder responder: "Via Seattle".

A editora Sierra Club Books designou um publicitário interno para divulgar meu livro — um homem alto, loiro, que foi se comportando de um jeito cada vez mais estranho enquanto eu tentava trabalhar com ele. Ficou impossível contatá-lo por telefone ou fazê-lo retornar as ligações; mas ele me mandou um e-mail informando que havia marcado palestras para mim em diversas livrarias de todo o Oeste, como parte da minha grande turnê, com datas que se encaixavam no meu cronograma. Eu havia sido ignorada quando reclamei dele para outras pessoas na editora, e tive a impressão, mais uma vez, de que eles me achavam muito nervosa e agitada, com preocupações infundadas. Quando já estávamos na estrada, tive uma desconfiança e encontrei um telefone público, de onde liguei para a primeira livraria em que ele devia ter me reservado uma data. Descobri que ele não havia entrado em contato. Dali fiz mais vários telefonemas.

Ele era um mentiroso. Nenhum dos eventos que alegou ter programado existia. Quando dei entrevistas no rádio, os entrevistadores não haviam recebido os exemplares que ele deveria ter enviado, de modo que não sabiam o que perguntar. Ele tinha decidido, de um jeito ou de outro, enterrar meu livro. E de fato a obra permaneceu muito mais invisível do que poderia ter sido, e nossa turnê ficou cheia de lacunas e espaços vagos que nós mesmos poderíamos ter preenchido, se soubéssemos o que ele andava fazendo. Eu julgava que *Savage Dreams* era um livro importante ou, pelo menos, que tentava abordar assuntos importantes e urgentes de uma nova maneira. (O título, do qual me arrependo, foi tirado de um monstro carismático chamado James Savage, que iniciou as guerras genocidas na região de Yosemite, buscando lucrar com a corrida do ouro.)

Se alguém tivesse me ouvido quando comecei a dizer que desconfiava dele, talvez suas más intenções ou sua incompetência não tivessem tido um impacto tão grande. Naqueles primeiros anos de contato com editoras, eu escrevia sobre história e era considerada, como costumam ser as moças, não muito capaz de dar um testemunho fidedigno dos fatos, até mesmo de interações cotidianas. Eu lia trechos do livro em público, mas não conseguia me fazer ouvir pelos meus editores. Naquela noite com Tina depois de assistir a *The Post*, quando lhe contei sobre Coplans e tudo o mais, percebi, pela primeira vez, o quanto aquilo parecia uma versão mais refinada e desencarnada daquela raiva aniquiladora que eu encontrara nas ruas com tanta frequência alguns anos antes. Todos esses incidentes pareciam me dizer que ali não era o meu lugar e nele minha voz não seria ouvida.

Hoje sinto que tive sorte por ter passado por tudo isso antes da internet, sem falar nas mídias sociais. Sabemos que nelas a hostilidade é distribuída segundo o gênero e a raça, e que muita gente trabalha coletivamente on-line para fazer com que pessoas que não sejam brancas, do sexo masculino, heterossexuais e cisgênero calem a boca e desapareçam. Se não forem silenciadas por completo, têm que pagar esse preço por ter uma voz, têm que trabalhar dobrado para superar os obstáculos que mantêm as coisas em níveis desiguais. Em algumas ocasiões, ao ver pessoas tentarem lançar campanhas de ódio contra mim nas mídias sociais, penso que, se tivessem feito isso desde o início, e não depois das décadas que já passei na minha vida de autora, seus esforços poderiam ter um impacto mais difícil de ignorar ou superar. (Mas talvez eu também tivesse postado publicamente observações sobre meus encontros peculiares com homens do mundo editorial e encontrado solidariedade on-line.)

Em geral ouvimos falar de pessoas que sobrevivem às dificuldades ou rompem barreiras, e o fato de terem conseguido é muito usado para sugerir que as dificuldades ou barreiras não eram tão sérias assim, ou então "o que não mata fortalece". Mas nem todo mundo consegue sobreviver, e aquilo que tenta te matar consome muita energia que poderia ser mais bem utilizada em outras coisas, deixando a pessoa exausta e ansiosa. Foi o processo de escrever e publicar matérias de não ficção que me convenceu, mais do que qualquer outra coisa, da minha própria credibilidade e capacidade de determinar o que é verdade e o que é justo, e isso me tornou capaz de assumir uma posição, por vezes, e me defender ou defender outras pessoas.

3.

Quando uma mulher diz que aconteceram coisas ruins a ela ou a outras mulheres e o agressor era um homem, muitas vezes ela é acusada de odiar os homens, como se a realidade daqueles acontecimentos não fosse relevante; só é relevante a sua obrigação de estar sempre sorridente, radiante, aconteça o que acontecer, ou como se o fato de que nem todos os homens são terríveis tivesse mais peso do que o fato real de que alguns são, de fato, terríveis, e isso tem impacto sobre elas. O que uma mulher diz costuma ser julgado segundo qual tipo de mulher ela se torna com isso, e se ela continua sendo agradável para os outros, e não pelo seu conteúdo factual. Minha fase dos vinte anos incluiu um namorado maravilhoso que ficou comigo desde o meu 21º aniversário até os meus vinte e tantos, e também meu irmão mais novo, que me levou para o ativismo e apoiou meu trabalho, o qual se tornou cada vez mais entrelaçado com esse ativismo. E muitos homens gays, como amigos e como uma enorme força cultural na cidade em que eu vivia, modelos do que mais pode significar ser homem. E o que pode significar ser um ser humano.

* * *

Todos os dias, quando Jay DeFeo estava sofrendo com o câncer de pulmão que acabaria por matá-la no final de 1989, ela ligava para Ed Gilbert, segundo ele me contou anos depois.
"Ed, o que você está vestindo?", ela perguntava. Lembro-me de como ele imitava a voz dela, suave e etérea, flutuando no ar como a fumaça do cigarro que ela fumava ou as plumas dos objetos que ela desenhava com um rodamoinho de traços de carvão. Ed, diretor de uma das principais galerias de arte de San Francisco, a Paule Anglim, hoje Anglim Gilbert, descrevia o esplendor do seu traje naquele dia em particular; em seguida ela dizia: "Obrigada. Me sinto muito melhor", e desligava. Os dois tinham essa conversa muitas vezes, quase diariamente, enquanto a saúde de Jay declinava, e a cada vez essa conversa dava prazer a ela.
Ele tinha a pele dourada, o cabelo cortado rente, e sua figura magnífica sempre me lembrava a estátua elegante e poderosa do Oscar. Seu guarda-roupa era vasto, repleto de roupas refinadas, criadas por estilistas locais e, às vezes, também grandes estilistas e designers vintage, cada traje uma verdadeira declaração, com humor e ironia e, às vezes, glamour; trajes de muitas cores, com sapatos combinando. Contemplando a maravilha que era Ed tão bem-vestido, percebi que, embora ter uma aparência incrível seja em geral considerado uma autoglorificação levemente desprezível, ou uma estratégia direta para se ter acesso ao sexo, pode ser também um presente para as pessoas ao redor, uma espécie de arte pública e uma celebração; e, com um guarda-roupa como o de Ed, até uma espécie de humor fino, um comentário.
Observar as pessoas é um dos grandes prazeres da vida, e tive a sorte de viver entre drag queens e as Irmãs da Indulgência Perpétua, grupo de ativistas da aids, uma organização fraternal paródica lançada no fim dos anos 1970, entre pessoas que aproveita-

vam qualquer desculpa para se fantasiar — isso numa cidade de desfiles, festas de rua e feriados que comemoram o Dia de los Muertos, o Halloween, o Orgulho Gay e o Ano-Novo chinês, entre subculturas com seus estilos particulares, do punk ao *lowrider* e ao hip-hop, até as muitas pessoas que refaziam os conceitos de gênero para adequar a si mesmas e sinalizar tudo isso pelo seu estilo pessoal e sua linguagem corporal. E havia os excêntricos que não pertenciam a nenhum clã, ou eram uma tribo de uma só pessoa, naquele tempo em que as pessoas viviam mais em público. Na época a cidade parecia um carnaval interminável de autoinvenção, e cada caminhada pela rua podia ser um desfile; algumas pessoas se esforçavam mais nessa performance do que outras, mas sempre havia muito que ver, desde um cabelo moicano nas cores do arco-íris até um vestido esfarrapado, e às vezes as duas coisas juntas.

Talvez o alívio que o guarda-roupa de Ed oferecia a uma mulher às portas da morte tenha sido uma das maneiras como eu aprendi que a pessoa que você é, o que você faz, o que você veste, o que você diz podem ser uma contribuição para as pessoas ao seu redor, pois muitos presentes valiosos não são diretos, nem materiais, nem mensuráveis. Até mesmo a sua maneira de viver a vida pode ser um presente para os outros. Conviver com homens gays me libertou, pois a libertação é contagiosa. Aprendi tanto com eles, me beneficiei de tantas maneiras, me diverti tão imensamente. É claro que o que estou dizendo não se aplica a todos os homens gays, apenas aos meus encontros com aqueles que me encantaram e os que se tornaram meus amigos.

Durante trinta anos morei a uma curta distância a pé do Castro, o bairro gay; e mesmo antes de residir em San Francisco, ia assistir a filmes no Castro Theatre, um dos poucos grandes palácios do cinema que ainda não foram demolidos nem convertidos num multiplex. Já assisti a centenas de filmes naquela majestosa caverna à meia-luz. Ali sentada para ver festivais de cinema, musicais, clássicos do faroeste, o festival anual de cinema *noir*, o documentário sobre a aids chamado We Were Here, dezenas de Tarkovskys e Antonionis, o longa sobre Harvey Milk, em que vimos na tela o próprio cinema onde estávamos sentados, aprendi com os murmúrios e os suspiros, os aplausos, os gemidos e as risadinhas cínicas, a ler o subtexto homoerótico, a observar o *camp*, a escancarar o ódio que há nos filmes antigos e as ideias infelizes nos novos. Os gays me ensinaram a ler um filme bem de perto, a comemorar e criticar e a compartilhar as piadas, mesmo quando estávamos (em geral) em silêncio no escuro.

Do mesmo modo como alguém pode se orgulhar da arquitetura cívica ou dos times esportivos da sua cidade, naquela época alguns de nós, heterossexuais, sentíamos, creio, orgulho da nossa população gay, contentes por nos sentirmos sofisticados acerca de todos aqueles reinos antipuritânicos, as saunas e a cena *leather*, tal como isso tudo era antes da epidemia da aids; sofisticados a ponto de bater papo com uma drag queen ou nos misturarmos com a gloriosa variedade de gente no desfile de Halloween no bairro Castro, quando esse improvisado carnaval de rua estava florescendo, antes de ser diluído com a chegada dos universitários e de outros espectadores, e também da violência; contentes por estar em um lugar onde acontecimentos e personagens desabrochavam de uma maneira que talvez não aconteça em nenhum outro lugar, felizes com o modo como a cidade era um ímã para pessoas desesperadas para fugir daquela América saudável que queria matá-las; impressionados com a visão e o heroísmo de algumas lideranças políticas nas ruas e, depois, em cargos públicos.

Meu primeiro amigo gay apareceu quando eu tinha uns treze anos e pouco depois me levou ao meu primeiro bar de drag queens na Polk Street. Lembro-me apenas da agitação festiva das drags com camadas de maquiagem, sentadas conosco a uma mesinha de bar, gentilmente admirando minha pele de criança. Havia uma geografia sexual em San Francisco, com a cena *leather* na Folsom Street, as mulheres trans e as drag queens no Tenderloin, os rapazes gays na Polk Street, antes de a vitalidade dessa cena desaparecer quando o Castro se tornou a nova capital gay, e boates e bares lésbicos em North Beach, anteriores a mim, e depois em vários lugares da cidade, até também desaparecerem. Por algum tempo, no final da adolescência e no início dos meus vinte anos, eu ia dançar no Stud, um bar *leather* que era um dos raros lugares onde a turma punk e a turma gay se misturavam (e às vezes eram as mesmas pessoas).

Os gays e lésbicas ao meu redor me incentivavam a imaginar que o gênero é o que quer que você queira; que era possível quebrar as regras, e o preço a pagar por quebrá-las geralmente valia a pena. Os gays deixavam claro que aquilo que me incomodava e frustrava nos homens héteros não era inato ao gênero deles, mas sim incorporado ao papel que tinham que desempenhar. Ou, como o Queer Nation, um grupo de ação direta, escreveu nos adesivos que espalhava pela cidade no início dos anos 1990: "Qual a causa da heterossexualidade?". Para mim eles foram o modelo da beleza radical de recusar aquilo que lhes foi atribuído; e se eles não precisavam ser aquilo que supostamente deveriam ser, então eu também não precisava.

Nos Estados Unidos e em outros lugares há pessoas que imaginam, desejam e, por vezes, exigem a homogeneidade como um direito; pessoas que afirmam que a coexistência os compromete ou os ameaça. Fico me perguntando sobre eles, sobre como deve ser a cabeça desse tipo de gente que esperava dominar um país e uma cultura para sempre, encontrando segurança na homogeneidade e enxergando perigo — em geral um perigo imaginado ou metafísico — numa sociedade heterogênea. Sou branca, mas filha de uma católica irlandesa liberal e um judeu russo, criada num bairro conservador e às vezes antissemita, uma garota apaixonada pelos livros numa cidade anti-intelectual, uma menina numa família só de meninos. Eu não imaginava que havia muitas pessoas exatamente como eu, ou que algum dia elas viriam a ser maioria da população em qualquer lugar. Num ambiente homogêneo, sempre senti que ficava de fora e poderia ser punida por isso; estar em meio a uma miscelânea de gente era mais seguro e mais gratificante. E morando em uma cidade de minoria branca, passei a pensar que "gente como eu" significava gente que amava as mesmas coisas ou tinha os mesmos ideais.

Há tantas maneiras de desaparecer. E algumas nunca foram autorizadas nem sequer a aparecer. Cleve Jones, político de San Francisco que foi assessor e amigo íntimo de Harvey Milk e vem tendo uma carreira de destaque desde então, escreveu em *When We Rise* [Quando nós nos levantamos], seu livro de memórias:

> Nasci na última geração de homossexuais que cresceram sem saber se haveria mais alguma pessoa em todo o planeta que sentia o que nós sentíamos. Simplesmente nunca se falava no assunto. [...] Ser homossexual era algo doente, ilegal e repugnante, e ser pego significava ir para a cadeia ou para uma instituição para doentes mentais. Os que eram presos perdiam tudo — a carreira, a família e, muitas vezes, a vida. Patrulhas especiais da polícia nos caçavam implacavelmente em cada cidade, em cada estado. Aos doze anos, eu sabia que precisava de um plano. O único plano que eu consegui imaginar era me esconder, nunca revelar o meu segredo e, se descoberto, cometer suicídio.

Esses meus anos de formação foram transformadores para a cultura gay, e a maioria dos rapazes que eu conhecia tinha passado por sua própria versão da jornada de Cleve, vivendo no segredo e na vergonha até conseguir encontrar amigos, amantes e um lugar no mundo, ou pelo menos na cidade, ou pelo menos em alguns bairros. Desde os protestos dos anos 1970 contra a legislação antigay, até os tumultos da White Night, depois que Milk foi assassinado por um ex-policial conservador, até o ativismo feroz do ACT UP e da Queer Nation nos anos 1990, a cidade era muito ativa politicamente. Era um centro da crise da aids e também de organização geral para se reagir à doença, desde o trabalho das Irmãs da Indulgência Perpétua, que educavam sobre sexo seguro, até as atividades da ACT UP e da Queer Nation, chegando ao projeto idealizado por Cleve, o Aids Quilt Memorial — uma colcha de retalhos tão enorme em memória dos que morreram que a última vez em que foi exibida na íntegra, em 1996, cobriu todo o National Mall na capital do país.

Assisti à crise da aids como espectadora, caminhando pelo Castro, onde, de repente, apareceram notas nos quadros de avisos e artigos nos jornais gays sobre uma estranha doença nova; depois, homens esqueléticos cambaleando pelas calçadas; exposições em memória das vítimas, protestos e marchas. Estive próxima de um homem, o artista David Cannon Dashiell, desde a época em que Barry, seu parceiro de longa data, morreu devido a um medicamento experimental contra a aids até a sua própria morte, quase quatro anos depois. David me deu a jaqueta de couro preta de Barry depois que a minha foi roubada, e eu a usei durante anos, na época em que essas jaquetas de motoqueiro eram uma espécie de uniforme para pessoas como nós.

David ficou arrasado com a morte de Barry, mas o seguro de vida do parceiro lhe permitiu ter as coisas que ele sempre quis ter, começando por mais tempo para fazer arte. Ele partiu para as compras; comprou, reformou e mobiliou um apartamento e adquiriu muitas obras de arte de artistas gays que admirava — Jerome, Nayland Blake, Lari Pittman —, sabendo o que eu não sabia, que seu tempo restante de vida seria breve. Até a mobília tinha um humor mordaz; à sua mesa de jantar havia seis cadeiras de rodas, estofadas com cetim escuro e com franjas caindo dos braços, uma alusão a como a doença poderia deixá-lo incapacitado. Nós costumávamos andar a toda pelo apartamento nessas cadeiras, morrendo de rir.

Sua arte era erudita: um projeto de "gayficar" os sistemas representacionais existentes. Ainda tenho um painel do baralho de tarô que ele redesenhou com giz em grandes folhas de papel preto; o meu mostra um homem visto de cima, sua forma musculosa traçada em algumas linhas rápidas, seus mamilos como dois espetos no seu peito forte. David era alto, esbelto, de pele muito branca, com maneiras aristocráticas, afetadas de um jeito brincalhão, e se deleitava com a decadência e a transgressão. Foi para mim que ele ligou na noite em que seu HIV se transformou em aids. Corri para o apartamento charmoso que ele havia montado, levando suco de frutas, sopa e os filmes mais frívolos e bobinhos que consegui encontrar. Reclinados em sua cama, na sacada do seu apartamento num predinho da era vitoriana, assistimos a *Picnic*, com Kim Novak e William Holden, um daqueles filmes cujos ritos heterossexuais exagerados eram uma ocasião perfeita para comentários sarcásticos. Ficamos acordados até tarde, tomando sopa e vendo filmes, e de manhã ele foi ao médico. Nenhum de nós dois estava preparado para falar diretamente sobre o que estava acontecendo, mas aconteceu mesmo assim.

David se apaixonou novamente e viajou com seu companheiro pela Europa com uma mala cheia de roupas e uma cheia de remédios. Ele completou sua obra-prima logo antes de morrer. Foi uma releitura dos murais da Vila dos Mistérios em Pompeia, uma instalação enorme, com figuras em tamanho natural pintadas em folhas de *plexiglass* de dois metros e meio de altura: gays representados em estilo eduardiano, com a pele muito branca e lilás, se beijando, canibalizando, trocando fluidos corporais; lésbicas de ficção científica, com a pele verde, também envolvidas em ritos eróticos transgressivos. Eu estava testemunhando o aparecimento e o desaparecimento simultâneos de David — aparecendo como um artista que crescia em ambição e visibilidade, desaparecendo pela doença que o matou aos quarenta anos no verão de 1993.

San Francisco era um refúgio, porém longe de ser perfeito, e mesmo ali a violência homofóbica estava presente. Um homem chamado James Finn, descrevendo como foi agredido em outra cidade por ser gay (e, com seu poderoso marido, como venceu a batalha), observou: "Quando um homem homofóbico zomba de um homem gay, quase sempre o compara em termos desfavoráveis a uma mulher". Os gays eram desprezados por serem homens que, na imaginação dos homofóbicos, optavam por ser como as mulheres. Como as mulheres por serem penetrados, já que ser penetrado era visto como ser conquistado, invadido, humilhado. Desprezados por serem como as mulheres heterossexuais, sujeitas aos homens (embora as mulheres não heterossexuais, que não estão sujeitas aos homens, também perturbem os homofóbicos; eles se incomodam facilmente).

O que significa que alguns homens heterossexuais e, aliás, sociedades inteiras, especialmente a nossa, imaginam que fazer sexo com uma mulher é algo punitivo, prejudicial, maléfico, um ato que eleva o status dele e destrói o dela. Em algumas culturas, o homem que penetra em alguém ou em qualquer coisa, inclusive outro homem, mantém sua estatura; é o homem que se deixa penetrar que cai do status de homem (o que torna as coisas duplamente difíceis para os homens e meninos vítimas de estupro). Um conhecido me contou que, há muito tempo, foi à casa de um colega da faculdade cujo pai era corretor de Wall Street. O resto da família estava jantando em seu luxuoso apartamento no Upper East Side quando o corretor chegou. Todo mundo ficou em silêncio quando ele sentou à mesa; ele então contou, com uma voz tonitruante, sobre seu dia na bolsa de valores: "Eu fodi com ele, meti no cu dele!". Vencer o concorrente era como fazer sexo com ele, e o sexo é hostil e punitivo numa extremidade e humilhante na outra, uma coisa interessante para se proclamar para sua esposa e filhos na hora do jantar.

Dentro da homofobia está a misoginia: o ato de ser homem é um esforço constante para não ser mulher. Se aquilo que um homem faz a uma mulher, ou a qualquer um que ele penetrar, é imaginado como violentar e atacar a pessoa, a humilhação e a degradação se tornam indistinguíveis da sexualidade, ou um substituto para ela na imaginação puritana. Entre os milhares de relatos de agressão sexual que li nos últimos anos, são tantos e tantos os que incluem atos que nada têm a ver com a satisfação corporal que se presume ser o objetivo do sexo. É uma versão do amor que é uma guerra — a representação ou realização de um conjunto de metáforas em que o corpo do homem é uma arma e o corpo da mulher é o alvo; e o corpo do homem gay é odiado por apagar essa distinção, ou rejeitar as metáforas.

Todo mundo é interdependente. Todo mundo é vulnerável. Todo mundo é penetrável e todo mundo é penetrado incessantemente — pelas vibrações do som que entram no ouvido interno, pela luz que atinge nossos olhos e a superfície do nosso corpo, pelo ar que nunca podemos parar de respirar, pelos alimentos e pela água que ingerimos, pelos contatos que geram sensações que viajam da superfície da pele até o cérebro, pelos feromônios e pelas bactérias que transmitimos imperceptivelmente um ao outro através do ar e do contato, pelos odores que são minúsculas partículas que inalamos, pelas inumeráveis espécies de bactérias benéficas que residem no nosso intestino e em outros órgãos, as quais constituem uma porção tão vasta do corpo humano que dizer "eu" é um nome um tanto impróprio; deveríamos falar em multidão e talvez em festa. Se você fosse realmente impenetrável, estaria morto em poucos minutos.

James Baldwin escreveu estas palavras famosas: "Se eu não sou aquilo que você diz que eu sou, então você não é quem pensa que é". Redefinir as mulheres e seus papéis também redefiniu os homens e a masculinidade, e vice-versa. Se os gêneros não fossem opostos, mas existissem ao longo de um espectro de variações sobre um tema central, o de como ser um ser humano; se houvesse muitas maneiras de executar o seu papel ou recusá-lo; e se a libertação para cada gênero fosse vista como uma permissão para retomar o que havia sido considerado o papel adequado, os bens adequados e até os sentimentos do outro, ou encontrar um terceiro (ou sétimo) caminho, então a cidadela seria destruída e todos poderiam viajar livremente.

A masculinidade heterossexual sempre me pareceu uma grande renúncia, um repúdio não só às inúmeras coisas das quais os homens supostamente não devem gostar, mas até mesmo a uma infinidade de coisas que eles nem deveriam notar. Porém muitos gays que eu conheci notavam; e um dos prazeres de conversar com eles era a sua consciência aguda dos fenômenos emocionais, estéticos e políticos, uma capacidade de pesar coisas minúsculas e avaliar as nuances, os pequeninos graus de diferenciação.

Esses homens sabiam que as palavras podem ser festivas, recreativas, medicinais, que as brincadeiras verbais, o flerte e a extravagância, o humor, a ironia e os relatos de episódios absurdos eram prazeres que vale a pena buscar. Eles sabiam que conversar não é, como muitos homens heterossexuais parecem assumir, algo apenas transacional, uma maneira de despejar ou extrair informações ou instruções. Pode ser uma brincadeira, com variações sobre as ideias e os tons; pode dar incentivo e carinho; e pode convidar as pessoas a serem elas mesmas e se conhecerem, a fim de serem conhecidas. Havia tantos tipos de amor em ação: o amor à descrição vívida e exata, ora poética, ora irônica e perspicaz, às vezes com uma visão nova e profunda; e um amor pelas trocas que tecem as conexões entre os participantes da conversa e suas ideias.

Se o humor consiste em observar a diferença entre o que as coisas supostamente deveriam ser e o que realmente são — e o humor da variedade não brutal muitas vezes é desse tipo —, então aqueles que estão menos empenhados nas coisas como deveriam ser, ou que são realmente adversários e vítimas das regras convencionais, são os que têm mais vontade e capacidade de celebrar essas discrepâncias. O homem heterossexual é uma figura típica do humor, aquele sujeito que não faz piadas nem as entende, e a palavra em inglês que designa o heterossexual, *straight* (isto é, "reto, retilíneo"), sugere pensamento linear e caminhos convencionais.

Lembro que, durante anos, sempre que eu encontrava o grande artista e designer gráfico Rex Ray, que fez o projeto do meu primeiro livro, eu gritava "COSTELETA de cordeiro!!!", e ele respondia, rugindo com sua voz cheia, exuberante, engraçada: "CUPCAKE!!!". Lembro também que quando conheci o jovem arquiteto Tim O'Toole, por volta de 1990, nós nos cumprimentávamos com um cáustico "HELLO, Kitty", baixando o tom na primeira palavra, subindo na segunda, de modo que a frase era como um aperto de mão secreto, um distintivo de quem pertencia ao clube. Lembro que perto dos gays eu tinha liberdade para ser engraçada, dramática ou absurda; lembro como tudo aquilo era divertido, e como nós ríamos, e como ali também havia espaço para qualquer um de nós se sentir triste e órfão. E até isso, com seus absurdos e excessos, podia ser motivo de mais tiradas refinadas de humor, pois o coração partido e a solidão também têm seu lado cômico, e encontrar esse lado pode ser a chave para a sobrevivência. Lembro de como tudo isso me permitiu ser alguém que eu não poderia ser em nenhum outro lugar. Não que todos os meus amigos gays fossem *camp*, afetados ou mesmo cultos. Bob Fulkerson era um homem robusto e esportivo, um organizador político, a quinta geração de sua família em Nevada e dedicado ao seu estado; mas era, e ainda é, uma pessoa que às vezes me liga só para deixar uma mensagem dizendo que me ama, quase trinta anos depois que nos conhecemos na Área de Testes de Nevada.

A cultura gay deixou claro que uma vida pode ter como base fundamental amizades tão fortes que são um tipo de família, e que a família também pode ser libertada dos seus papéis convencionais — os contratos conjugais, a reprodução, o parentesco de sangue. A cultura gay foi um baluarte contra a insistência, generalizada e cansativa, em proclamar que apenas a família nuclear fornece amor e estabilidade — o que às vezes é verdade, mas todos nós sabemos que ela também fornece infelicidade e sabotagem. Isso foi, é claro, em parte o resultado da exclusão dos gays do casamento e da rejeição pelas suas famílias biológicas, muito antes de os direitos iguais ao casamento se tornarem lei no país e as adoções ficarem mais acessíveis aos casais do mesmo sexo. Mais tarde, quando me esquecia de dizer aos entrevistadores que eles nunca fariam a mesma pergunta a um homem, ou simplesmente desancá-los por serem tão tóxicos e desagradáveis, eu às vezes respondia às perguntas intrometidas sobre por que não me casei nem tive filhos comentando que sou de San Francisco, que convivi com pessoas que tinham ideias menos convencionais de como se pode viver a vida e quais tipos de amor podem sustentá-la. Tudo aquilo que recebi dos gays foi um presente fantástico.

Daquele meu antigo apartamento, eu podia caminhar para oeste até chegar ao oceano Pacífico. Podia ir para o sul, direto para o bairro Castro, onde o majestoso cinema me chamava, assim como muitas outras atrações e uma população de amigos sempre chegando e saindo. Para o norte eu raramente ia a pé, mas atravessava de carro a ponte Golden Gate para mergulhar na natureza — ou para visitar minha mãe, de modo que passar pela ponte significava tanto liberdade como desespero. Caminhar para o leste era tranquilo, até o Centro Cívico e a biblioteca principal, onde pesquiso até hoje, chegando aos trens que vão para East

Bay. Com o transcorrer dos anos 1990, eu passava cada vez mais tempo rumando para o leste, pela Bay Bridge, rumo à vastidão do Oeste norte-americano, rumo às montanhas, aos desertos e à nova vida e aos novos amigos que comecei a encontrar por lá. Apesar de tudo, o mundo estava se abrindo para mim, ou eu para ele.

AUDIBILIDADE, CREDIBILIDADE, RELEVÂNCIA

1.

Nós "crescemos", dizemos, como se fôssemos árvores, como se a altura fosse tudo o que se pode ganhar; mas grande parte do processo consiste em se tornar inteiro, à medida que os fragmentos vão sendo reunidos e os desenhos definidos. O bebê humano nasce com o crânio composto de quatro placas ósseas que ainda não se uniram, formando uma cúpula sólida, de modo que a cabeça possa se comprimir para passar pelo canal do parto e depois o cérebro tenha para onde se expandir. As costuras dessas placas são intrincadas, como dedos entrelaçados, como o meandro dos rios árticos correndo pela tundra.

O crânio quadruplica de tamanho nos primeiros anos de vida. Se os ossos se unirem cedo demais, vão restringir o crescimento do cérebro; se não se unirem, o cérebro ficará desprotegido. Aberta o suficiente para crescer, mas fechada o suficiente para se manter inteira — é assim que a vida também deve ser. Fazemos nossa vida como uma colagem, encontrando as peças que formam uma visão de mundo, as pessoas para amar e razões para viver; e depois as integramos em um todo, uma vida consistente, com nossas convicções e nossos desejos — pelo menos se tivermos sorte.

A cidade de San Francisco foi minha grande professora nos anos 1980, e aquele primeiro livro surgiu do que aprendi perambulando pelas ruas e bairros, encontrando subculturas e enclaves. O segundo livro surgiu do que a vastidão das montanhas e desertos, e também as pessoas dali tinham para ensinar; as lições foram magníficas, tremendas, às vezes aterradoras, e esses lugares me trouxeram novos amigos e um novo senso de mim mesma.

Em algum momento dos meus vinte e poucos anos, minha paixão de infância pela natureza voltou com uma nova intensidade; encontrei epifanias e uma sensação de liberdade em estar na natureza virgem da minha região — florestas, campos, litorais. Comecei a estudar a história cultural das ideias, das representações e do desejo pela natureza, pelos lugares e paisagens; primeiro através da arte e da história da arte, depois através da literatura sobre o meio ambiente e das histórias culturais; e em seguida passei a escrever sobre esses temas.

Comecei a explorar e acampar, passeando primeiro por lugares próximos e pesquisando as ideias tipicamente inglesas sobre a paisagem; depois passei para o que havia além do horizonte, no Oeste do país — as terras áridas e os espaços abertos que ficavam a leste de nós; passei também para ideias não ocidentais sobre a natureza, que se focavam mais em compreender os padrões gerais e os relacionamentos do que em elaborar imagens disso tudo. (Nessas primeiras viagens para acampar eu ainda estava tão impressionada com a violência nas ruas que dormir ao ar livre me parecia imprudente e aterrorizante; demorei muito para me acostumar com o fato de que num lugar rural a segurança consiste em estar à distância do perigo, não nas barreiras contra ele e nos recursos proporcionados pelas estruturas e pelos sistemas urbanos. Continuo não acampando sozinha, apesar de caminhar sozinha, em geral pensando em perigos não muito distantes; o acesso à natureza também depende do senso de segurança de cada um, como sabem também as pessoas não brancas.) Eu me embebi nas imagens e nos livros sobre a paisagem do país e passei a me concentrar em artistas que exploravam ideias sobre lugares, paisagens, natureza e viagens.

A vida que eu procurava começou a criar raízes no final dos anos 1980. Mas teve muitos começos, como se eu tivesse plantado muitas sementes, esperando, e esperando um pouco mais, enquanto a germinação e o crescimento ocorriam em segredo no subsolo, antes de irromper à vista. Comecei meu primeiro livro, fiz meus primeiros amigos duradouros, descobri como sair para o vasto mundo do Oeste norte-americano e encontrei, como dizem, minha voz.

Por vezes digo que a Área de Testes de Nevada me ensinou a escrever, pois quando estive lá para participar dos grandes acampamentos e protestos antinucleares, na primavera de 1988 e em todos os anos seguintes, até a virada do milênio, encontrei um lugar tão nu, desolado e tão vasto e, para mim, tão estranho, para onde convergiam tantas culturas e histórias diversas, que tive que reunir todos os fragmentos do que eu estava fazendo e formar algo novo, para ter algo adequado a tudo que encontrei lá. Antes disso, eu aceitava as classificações em que os textos se encaixam. Eu já escrevera críticas e resenhas com um tom autoconfiante e objetivo; reportagens jornalísticas com um tom mais ou menos dentro das linhas do jornalismo. Naqueles anos também escrevi ensaios breves e densos que eram líricos, pessoais, emocionais e metafóricos, experimentando com formas e tons, deixando transparecer o que eu estava aprendendo com a poesia e com a profecia, fazendo tudo que eu não deveria fazer na área da crítica e do jornalismo, deixando entrar o maravilhamento, a melancolia e a incerteza, dando rédea solta ao que a linguagem pode fazer.

A Área de Testes de Nevada era um local de convergência — de povos, de histórias, de valores e ideias, de múltiplas forças, desde a corrida armamentista nuclear até a reação tipicamente eurocêntrica aos desertos. Para descrever o que isso significava, percebi que precisava aplicar todos os tipos de texto que aprendi a escrever, e precisava deles todos juntos, sem segregá-los. Essa foi a grande descoberta da minha escrita, e *Savage Dreams*, o livro que resultou disso, foi a primeira experiência exuberante de reunir as diversas vozes e estilos de texto e reconhecer como eles todos podiam ser a mesma voz, descrevendo em termos históricos, evocativos, pessoais, analíticos, a complexidade de uma situação política e de um dado momento histórico.

Era um lugar poderoso. Até hoje consigo reviver a sensação de estar ali: a vastidão da terra, com sua cor de poeira, transformada em pedra, incluindo o quartzo de um cor-de-rosa brilhante; plantas ferozes, cheias de espinhos aqui e ali nas áreas mais claras entre as pedras; o ar seco de uma nitidez espetacular, exceto quando havia uma tempestade de poeira ou um calor tão forte que fazia o próprio ar ferver e vibrar, tão transparente que podíamos enxergar dezenas de quilômetros mais além, até as cadeias de montanhas no horizonte, pontiagudas como dentes caninos de animais selvagens. Aqueles espaços imensos me convidavam a me locomover livremente e a sentir como é pequeno o corpo humano com suas preocupações, numa paisagem onde por vezes se pode enxergar a 150 quilômetros de distância e dirigir metade dessa distância sem ver uma única casa; onde se pode, como fiz muitas vezes, seguir sem rumo em direção ao horizonte, sentindo-me livre e, ao mesmo tempo, temerosa daquilo que acontece com um corpo humano, composto de dois terços de líquido, num lugar tão árido. Bastava ficar sentada imóvel e quase se podia sentir o vapor de água saindo pela respiração e através da pele e se dispersando na atmosfera — onde, às vezes, raramente nesse lugar que é a parte mais seca do estado mais seco do país, as nuvens se reúnem e a chuva evapora assim que cai, ou bate com força para secar em poucos minutos

Sempre ansiei por um espaço ilimitado. Já havia encontrado em Ocean Beach, onde termina a cidade de San Francisco, e encontrei também quando criança nas colinas e, por vezes, deitada de costas à noite na grama que se enraíza na terra, olhando as estrelas até sentir que eu podia mergulhar nelas. Também encontrei espaços ilimitados nos meus sonhos de voar, em perambular a pé, em perambular no tempo e no espaço através dos livros. E naquela região ganhei mais espaço até do que havia sonhado, quase tanto quanto eu precisava.

É bem sabido que é preciso aprender como entrar em locais fechados e protegidos; mas entrar nesses espaços tão vastos também exige aprendizado. Alguns anos antes, em uma viagem com meu namorado pelo Death Valley e pelo sudoeste do país, tínhamos voltado cedo demais, sem saber como encontrar os oásis escondidos nos vales e desfiladeiros onde a água se acumula, ou como apreciar a beleza onde há pouca ou nenhuma vegetação, ou como deixar entrar em nós a quietude e a sensação de que ali o tempo é profundo e cíclico. A Área de Testes de Nevada foi onde aprendi, pois nesses acampamentos e protestos, realizados todos os anos na primavera, conheci pessoas com vínculos profundos com aqueles lugares remotos; e eram atividades que me proporcionavam um tempo e, quixotescamente, um lugar onde eu me sentia segura. Sim, em segurança, apesar de estarmos enfrentando explosões de armas nucleares não muito longe dali, pensando na chuva radioativa que podíamos estar ingerindo, e sendo presos, às vezes com truculência, pelos guardas armados que protegiam a Área de Testes. Estava a salvo de ataques, acampando com amigos entre milhares de pessoas dedicadas à paz e ao desarmamento (apesar de que se esquivar dos caras hippies que exigiam nossos abraços era um processo contínuo para nós, mulheres).

Meu irmão mais novo tinha papel fundamental na organização dos protestos na Área de Testes quando me chamou para ir com ele até lá, em 1988; era um lugar onde o meu ambientalismo convergia com a sua militância pacifista. As bombas nucleares que explodiam lá com regularidade eram uma brutalidade contra todos os seres vivos da região, especialmente os que habitavam a favor do vento — moradores das reservas, fazendeiros, gente de cidade pequena, o gado e os animais selvagens —, naqueles ensaios para a guerra do fim do mundo. Nossa família havia migrado para cidades grandes e por vezes me parece que foi através daquelas nossas aventuras ali no interior, junto aos criadores de gado, os índios de Nevada, os ativistas, os mórmons que residiam na região e os veteranos do movimento antiatômico com quem trabalhávamos e convivíamos, que nós dois finalmente chegamos, de verdade, ao solo árido e despido deste continente.

E então passamos a fazer parte de um projeto excelente para redefinir tudo aquilo. Vários anciões do povo Shoshone se uniram a nós nas ações de protesto, dizendo que os testes nucleares estavam sendo feitos na sua terra, a qual eles queriam de volta, de preferência sem mais bombardeios e sem contaminação. Na época, o movimento pela justiça ambiental — um esforço para focalizar a raça e a classe dos que estavam sofrendo o impacto da devastação ambiental — estava ganhando impulso e divulgando novas formas de pensar. Eu havia me oferecido como voluntária no final dos anos 1980 no Earth Island Institute, uma organização ampla com atividades em diversos projetos ambientais, incluindo a ainda jovem Rede de Ação pelas Florestas Tropicais e o Projeto Ambiental para a América Central (Epoca, sigla em inglês). Os dois projetos destacavam o fato de que os lugares tropicais que o movimento tentava proteger tinham habitantes humanos havia muitíssimo tempo, e que os direitos humanos e a proteção ambiental são objetivos inseparáveis. Isso pode parecer óbvio agora, mas na época era novidade.

Pode ser difícil para aqueles que vieram depois compreender quão ignorantes nós, não nativos, éramos na época, quanto os povos nativos haviam desaparecido da conversa geral do país ou nunca haviam entrado nela, ou então eram mencionados exclusivamente no passado, como pessoas que tinham desaparecido havia muito tempo e que nunca reapareceriam para defender seus interesses. Também foram tratados como pessoas que jamais existiram, quando artistas, fotógrafos, ambientalistas, poetas, exploradores e historiadores imaginavam e descreviam a América do Norte como um lugar onde os seres humanos tinham acabado de chegar, ou melhor, que os homens brancos tinham acabado de descobrir.

Ideias que hoje parecem comuns derrubaram, na época, categorias inteiras de pensamento. Elas acabaram — até certo ponto, mesmo que não o suficiente — com uma época em que se contavam histórias sobre a paisagem norte-americana que, até a chegada dos europeus, não tivera contato humano. Às vezes penso nisso como uma teoria do tipo Nossa Senhora/prostituta para a natureza: o contato humano era imaginado como algo que violava, inevitavelmente, uma natureza passiva, vulnerável, inevitavelmente degradada por nós. Os brancos eram imaginados como descobridores de um lugar que estava à espera — antes da história, antes da cultura. Mas para além dessa divisão binária havia outras formas de alguém ser um ser humano, outras formas de estar no mundo natural. Ser ambientalista passou a significar, por fim, reconhecer e respeitar os primeiros habitantes desses lugares, e saber que o impacto humano — a caça, a colheita, as técnicas de gestão de incêndios florestais — tinha que ser levado em conta ao se avaliar o que constituía um ecossistema antes da chegada dos europeus. Ou seja, esses novos enfoques e essas novas vozes transformaram nada menos do que a história, a natureza e a cultura, com amplas e profundas consequências.

Para mim, havia uma tremenda esperança no ressurgimento desses povos alicerçados em uma visão de mundo que não era judaico-cristã nem europeia; pessoas que haviam vivido em lugares durante milênios sem, em geral, devastá-los. Os vínculos profundos que alguns deles mantinham com os velhos costumes e lugares me pareciam oferecer capacidades cruciais para encontrar meu caminho no futuro (o que vi depois, em plena força, nos zapatistas do sul do México a partir de 1994 e na presença poderosa dos povos indígenas no movimento climático do século XXI). Os mitos de criação dos índios norte-americanos, nos quais o mundo nunca foi perfeito, nunca decaiu e nunca acaba de ser criado, iluminavam claramente os problemas que há no Gênesis e as preocupações judaico-cristãs com perfeição, pureza e queda da graça. Naqueles anos eu vinha trabalhando ainda com um artista nativo da Califórnia, Lewis DeSoto, cujas instalações, paisagens e reflexões sobre o lugar e o sagrado também me mostraram novas perspectivas e possibilidades.

Em 1990 conheci o líder ambiental Bob Fulkerson, nativo de Nevada de quinta geração, que me convidou para conhecer outros conterrâneos e viajar com eles pelo estado de Nevada. Foi nessa curta viagem de carro que compreendi quão ampla e destrutiva é a infraestrutura militar dos Estados Unidos em toda a extensão do Oeste do país, e passei a conhecer e admirar os habitantes da região — intrépidos, criativos, dedicados aos seus lugares rurais tão remotos; veio também o desejo de me unir a eles e a sensação de que eu vinha procurando essas pessoas desde a infância. Continuamos em contato depois, e Bob me pediu que comparecesse no último dia de julgamento das irmãs Mary e Carrie Dann, do povo Shoshone do Oeste, em Reno, estado de Nevada, no final da primavera de 1991. E foi o que fiz. Os problemas das irmãs começaram em 1973, quando um agente federal perguntou a Mary por que ela não estava pagando as taxas de pastoreio das suas vacas. Ela respondeu que aquelas terras não eram de propriedade federal, e tinha razão ao dizer que o tratado que os índios Shoshone do Oeste assinaram em 1863 não cedia o território que era deles. As irmãs Dann apelaram e levaram seu caso até a Suprema Corte. E só perderam porque, no decurso da ação, o governo inventou uma data, alegando que tomara aquelas terras na década de 1870, uma data que não descrevia nenhum evento verdadeiro, e decidiu que poderia compensar a tribo pela terra a preços de 1872, sem juros. Os tradicionalistas, catalisados pelas irmãs Dann, se recusaram a aceitar o pagamento.

Após o término do julgamento, Bob me apresentou à líder ambiental dos Shoshone do Oeste, Virginia Sanchez, que me pediu que escrevesse uma história de fôlego sobre os direitos desse povo à terra, para uma pequena publicação ambiental. Aceitei a tarefa com entusiasmo e comecei passando vários dias nos arquivos da Universidade de Nevada, em Reno. Ali, sentada numa cadeira de espaldar reto, ficava enrolando e desenrolando o microfilme da Comissão de Assuntos Indígenas, órgão que precedeu o Bureau of Indian Affairs — lendo, imprimindo e tomando notas sobre os relatórios das autoridades agrárias em Nevada nas décadas de 1860 e 1870. Os rolos de microfilme tinham longos arranhões horizontais, e as cartas eram escritas com uma bela caligrafia ornamentada difícil de decifrar, mas o que queriam dizer foi ficando cada vez mais evidente.

O belo traçado das palavras se desenrolando em arcos e curvas ao longo de páginas pautadas sugeria um tipo de ordem e propriedade reafirmadas pela polidez elaborada nas saudações e nas despedidas nessas cartas sobre o genocídio. Sobre como empurrar os nativos para fora enquanto os brancos inundavam o Oeste, como subjugá-los e deixar seus recursos serem pilhados, como contê-los e lhes dar algum auxílio, de caridade, pois suas terras estavam tão degradadas que as fontes de alimentos desapareceram. Gostaríamos que as pessoas envolvidas numa monstruosidade fossem reconhecivelmente monstruosas, mas muitas delas são diligentes, obedientes, agem sem questionar, aderem às normas da sua época, são treinadas sobre o que sentir e pensar, o que observar e não observar. Os homens que escreveram esses relatórios pareciam ser burocratas sinceros, às vezes simpatizando com o drama das pessoas que estavam ajudando a exterminar, sempre convictos de sua própria decência. É a inocência que constitui o crime.

Um pouco aliviada do meu próprio crime, tornei-me membro do Projeto de Defesa dos Shoshone do Oeste quando foi criado, na primavera seguinte, para apoiar Mary e Carrie Dann, que se preparavam para enfrentar os ataques do governo. As duas eram grandes matriarcas destemidas, as mulheres mais não subjugadas que já conheci, rainhas do lar, chefes do seu rancho, capazes de consertar um gerador ou domar um cavalo bravo dos seus vastos rebanhos de mustangues, alegres e expressivas enquanto falavam conosco em inglês e entre si no seu próprio idioma. (*Savage Dreams*, meu livro em que elas eram figuras importantes, destacou muitas mulheres carismáticas e grupos de mulheres, mas não sei se alguém o reconheceu como um livro feminista.) Estar perto delas era uma revelação; era estar onde a memória da família alcançava antes da chegada dos brancos, quando a terra era sagrada, as mulheres estavam no comando e as ações deviam defender o que importava para o futuro a perder de vista. Eu ia aprendendo sobre coisas tangíveis, como a configuração das terras e a história do Oeste, mas também sobre questões espirituais e questões sobre como viver a vida.

Entrar no projeto acarretou passar semanas seguidas no remoto rancho de criação de gado das irmãs Dann, no nordeste de Nevada, morando na minha caminhonete ou em um velho trailer perto da casa delas, onde eu podia ligar o computador de mesa e a impressora que levei para lá. Acarretou encontrar alguns amigos do movimento antinuclear e algumas pessoas que eu não conhecia, indígenas ou não, como uma aliança, e participar de encontros e reuniões tribais. No meu caso, acarretou também ser ghost-writer, escrever cartas e declarações para Carrie e muita literatura para o projeto — comunicados de imprensa e resumos informativos (fazer pesquisas para o longo artigo que escrevi, em que apresentei uma visão geral, depois daquela imersão nos microfilmes, havia me ensinado muito). E acarretava também esperar, pois agora que o conflito no tribunal terminara, o governo ameaçava apreender o gado das irmãs.

O violento ataque ocorreu em 11 de abril de 1992. Um organizador no rancho encontrou uma mulher que lhe perguntou a que vinham todos aqueles carros do xerife parados na porta do centro comunitário, no vilarejo próximo. O governo havia contratado uma equipe para confiscar o gado, e a polícia estava lá para lhe dar apoio. Recebi a notícia por telefone, em uma hora cancelei todos os meus planos, peguei minhas coisas, entrei no carro e parti para o leste, rumo a Nevada. Atravessei a Bay Bridge, a East Bay, atravessei o rio Sacramento e o amplo vale de Sacramento, passei por bosques de carvalhos e depois de pinheiros, atravessei a Sierra Nevada e cheguei ao deserto. Cochilei umas duas horas numa parada de caminhões e de manhã cedinho continuei a percorrer os oitocentos quilômetros entre a minha casa e a casa delas. Foi a primeira vez que avancei em direção à violência.

Às dez da manhã, encontrei o coração do rancho — a casa, os currais, as dependências, o trailer — quase deserto. O conflito havia acontecido em outro lugar, a cavalo, com a equipe federal perseguindo o gado e os apoiadores dos Shoshone os ajudando, montados em alguns mustangues das irmãs Dann já domados e afeitos à sela. Carrie havia discutido sobre tratados e direitos à terra com o agente federal e o xerife local junto ao curral portátil para onde eles já haviam levado alguns dos seus bovinos, e o agente lhe agarrou o braço para impedi-la de intervir. Ela se safou, pulou dentro do curral e impediu que eles trouxessem mais animais. Não desejando intensificar o conflito, eles foram embora. Ela venceu a batalha, embora a guerra que remonta aos anos 1850 não tenha terminado.

Essa luta nunca foi resolvida, passando por dificuldades, por conflitos dentro da tribo, por épocas de mudança, pela chegada das minas de ouro que arruinaram a terra, ergueram construções e poluíram o vale dos Shoshone, bombearam sua água e inundaram o cemitério da família Dann. Fiquei triste com o impasse e com a guerra de atrito travada pelo governo, e grata pelo tempo que passei com eles. Mas a mudança maior que ia ocorrendo me deixou esperançosa como nunca. Vi de perto o poder das pessoas às margens da sociedade de mudar as histórias fundamentais, vi surgir algo absolutamente imprevisto, vi como, à medida que essas mudanças se difundiam, também iam mudando as tabuletas nos terrenos e os livros escolares, os monumentos, os nomes de lugares, as práticas de gestão da terra e, por vezes, as leis; vi como os museus devolveram ossos e relíquias às pessoas a cujos ancestrais pertenciam aqueles ossos e aqueles tesouros; e vi como, gradualmente, todas essas coisas tangíveis passaram a significar algo mais importante e menos tangível.

Isso não significa que tudo estava bem, mas era uma mudança profunda com consequências práticas, inclusive para a compreensão e a gestão de lugares e sistemas naturais. Essa transformação me convenceu de que a cultura era capaz de mudar a política, que as representações podiam moldar a realidade, que aquilo que fazíamos como escritores e historiadores tinha importância, que mudar a história do passado podia mudar o futuro. Foi a gênese de uma profunda esperança sobre a possibilidade de mudanças profundas e imprevistas para mim, e a capacidade das

pessoas consideradas marginais ou insignificantes para realizá-
-las. Os crescentes visibilidade e poder das nações indígenas nas
Américas condiziam com as revoluções não violentas que tinham
derrubado os regimes totalitários na Europa Oriental em 1989 e
com a dissolução da União Soviética alguns anos depois, eventos
que acompanhei de perto com grande alegria.

Essa foi a minha idade de ouro, não porque eu tivesse escapado dos males deste mundo, mas porque havia encontrado maneiras de pensar neles e, às vezes, fazer algo a respeito; encontrado também valentes companheiros nos esforços, lugares pelos quais me apaixonar e ideias que me transformaram. Comecei a voltar ao lugar onde passei os dois primeiros anos da minha vida, no norte do Novo México, e ali tive a grande sorte de fazer amizade com a escritora feminista Lucy Lippard, uma mulher mais velha, cuja reação ao manuscrito de *Savage Dreams* foi, basicamente, me dar a chave da sua pequena casa (e escrever uma bela apresentação para o livro). Comecei a passar uma parte do verão, todos os anos, tomando conta da sua casinha, extasiada com o céu, o espaço, a luz e as tempestades com raios e trovões. Mais tarde, nos anos 1990, me envolvi com um homem que morava no deserto de Mojave, no sudeste da Califórnia, e durante quatro anos passava ali uma parte do ano.

Nossas melhores emoções, assim como as piores, são contagiosas, e eu me beneficiei da valentia, ousadia, dedicação e senso de humor de toda essa gente do Oeste que vive bem perto da terra (e da coragem intrépida de Lucy, uma transplantada da Costa Leste). Fui ficando íntima dos próprios lugares e tirei deles alegrias e forças. Criei confiança para começar a me mover livremente pelo Oeste e consegui uma caminhonete que me permitia ir mais longe por estradas de terra e entrar em lugares remotos e em cujo trailer na traseira passei muitas noites. Fiz amigos em Utah, Colorado, Novo México e Nevada e fui visitá-los. Passei a rodar muito pelo Oeste do país, não para escapar, mas para chegar em casa — a um sentimento mais profundo de lar — e para construir e manter laços de amizade em toda a região. Eu estava cultivando uma persona enraizada nesse lugar, indiferente aos desafios físicos, desde dirigir e caminhar longas distâncias até viver ao ar livre e enfrentar as autoridades em protestos ambientais. Essa era a pessoa que eu queria ser, e parte disso era uma performance com todos os seus acessórios — camisa de caubói, fitas cassete de música country empoeiradas para a caminhonete, um belo kit de acampamento —, mas outras coisas eram mais profundas.

Meus textos iam bem, o suficiente para me sentir esperançosa quanto a eles, mas não havia ainda, como haveria mais tarde, muitas demandas para mim. Sendo assim, passava o tempo vagando, explorando e aproveitando ao máximo os convites que apareciam. Eu era rica em termos de tempo e me sentia muito viva e entusiasmada quanto aos mundos, as conexões e as ideias que se abriam para mim. Hoje sinto falta de poder, como naquela época, simplesmente entrar na caminhonete e ir para algum lugar por uma semana ou duas, dar a volta pelo caminho mais longo, ir ficando em algum lugar, explorar a área sem me preocupar muito com obrigações. Eu era livre.

2.

À noite, quando o céu próximo ao horizonte está cor de damasco, mas bem acima de nós ainda está azul, às vezes tento encontrar a costura entre as duas cores, mas no céu há apenas uma palidez entre esses dois opostos que é fácil não notar. E às vezes, à noite, tento observar as cores se transformarem ou uma sombra se alongar na paisagem, e quase sempre minha atenção falha por um momento e então percebo que a árvore que estava metade na luz já foi engolida pela escuridão, ou então pelo brilho, e que as sombras tão bem marcadas ficaram mais difusas de repente porque o sol mergulhou mais, ou que o céu, que estava cobalto, agora está azul meia-noite. As coisas são de um jeito e em seguida já são de outro, e as transições são difíceis de perceber.

O presente se torna passado através de incrementos pequenos demais para serem medidos; de repente, algo que é passa a ser algo que era, e a maneira como vivemos hoje não é a maneira como vivíamos ontem. Muita coisa que mudou é difícil de lembrar para aqueles que vivenciaram a mudança e difícil de imaginar para os que vieram depois. Em muitas partes da sociedade norte-americana, a bondade, a gentileza se tornou, cada vez mais, um critério aplicado a todas as formas de interação; mas sua ausência antes era difícil de perceber, pois é muito fácil deixar de perceber algo ou alguém que *não* está presente. Muitíssimas formas de injustiça se tornaram visíveis, de tal maneira que ficou parecendo normal reconhecê-las e fácil esquecer os esforços que as tornaram visíveis (o que sempre levanta a questão de saber o que mais não enxergamos ainda, por quais falhas e fracassos as épocas futuras vão nos recriminar). A evolução do feminismo faz com que seja difícil recordar algumas das antigas formas de discriminação, antes sem nome e não reconhecíveis, embora esta seja apenas uma das medidas da diferença entre como eram as coisas antes e como são agora.

Houve mudanças épicas na vida pública, que tornam a época da minha juventude um país estrangeiro, um país onde eu não vivo mais e que os jovens jamais visitarão, e a maioria nunca saberá quão diferente tudo aquilo era, por que as coisas mudaram e a quem agradecer. Minha própria vida se metamorfoseou por etapas que só percebi em retrospecto. De início eu quase não tinha amigos, e os amigos que fiz na adolescência e no início dos meus vinte e poucos anos em geral não combinavam bem comigo; talvez porque eu não sabia quem eu era, ou queria ser outra pessoa e, assim, não sabia quem seria como eu, ou quem poderia gostar de mim. Ou talvez porque a bondade não era um critério. Mais para o fim dos meus vinte e poucos anos fiz amigos duradouros; depois outros mais, e então essa sensação de estar sozinha lá na extremidade mais longínqua se tornou uma sensação de estar na fronteira entre várias áreas, de modo que comecei a ter o prazer de trazer ideias, projetos e pessoas de um círculo para outro, e a carência e a solidão se foram.

Passei por uma fase de me aproximar de coisas poderosas que eu assumia que não eram para mim e, talvez, não para o meu gênero. Comprei uma motocicleta no início dos anos 1990, e ligar o motor, dar partida com o pé e mover seu peso para estacioná-la, ou trazê-la de volta para a vertical ou levantá-la quando caía me dava uma espécie de prazer viril (mais do que andar nela, o que sempre achei um pouco assustador devido aos carros; mas isso antes de a moto ser roubada nove meses depois que a comprei). Logo em seguida aprendi a me exercitar com pesos e aparelhos de musculação, depois de notar, finalmente, que o corpo requer manutenção e que o estresse que havia petrificado a minha forma cedia, pelo menos temporariamente, aos esforços violentos.

Dois ou três anos depois, um namorado que morava no deserto de Mojave me ensinou a atirar com uma espingarda calibre 22 — no final de uma bela tarde saímos para o deserto e ficamos atirando em latas de cerveja Olde English até a noite chegar e nossas sombras se estenderem por mais de trinta metros no terreno plano. Achei aquilo divertido a ponto de ficar alarmada, mas quando fomos praticar tiro com o pai dele, que passara a vida toda no Exército e boa parte em combate, ele me contou como foi obrigado, por ordens diretas de um general, a atirar num civil numa colina distante — e como isso lhe deu pesadelos para sempre. Foi um aviso solene e diplomático para levarmos as armas a sério. Também fiz aulas de caratê Shotokan por um tempo com uma lutadora campeã mundial, que não tinha medo de nada quando andava na rua. Só gritar, chutar e atacar já exige que a pessoa tenha um senso diferente de si mesma. Cada uma dessas atividades parecia uma pequena usurpação de poderes que eu antes acreditava não serem para gente como eu. As coisas estavam mudando.

O problema do assédio nas ruas se amenizou e minha cautela diminuiu, embora nunca tenha desaparecido. Não foi um experimento científico com controle, por isso é difícil dizer o que exatamente mudou. Talvez porque eu já estava mais velha, fora da faixa de idade mais visada. Talvez a cultura tenha mudado de alguma forma, embora as mulheres jovens continuem sofrendo assédio e ataques. Talvez também porque me tornei mais esperta para andar na rua: aprendi a respeitar e cumprimentar os que encontrava e a não ficar presa nos dramas de outra pessoa — a ser fluida nas ruas, a andar calmamente, sem me atrapalhar nem me apressar. Os homens brancos se calaram. Os homens negros do meu bairro passaram a fazer comentários uniformemente cordiais, como alguns sempre tinham sido, e eu tentava dar respostas agradáveis e gostava dessas interações.

Publiquei artigos e resenhas breves, depois artigos mais longos e ensaios mais ambiciosos. Escrevi um livro e depois outro mais ousado, e em seguida outro do mesmo teor; mais tarde escrevi *A história do caminhar*, lançado em 2000, o primeiro livro pelo qual obtive um adiantamento próximo a um salário digno, meu primeiro livro com ampla circulação. Cada livro respondia a uma pergunta que era meu ponto de partida e no final gerava outras perguntas. Aquela história do caminhar me fez pensar em duas coisas que explorei e que se tornaram meus próximos dois livros.

Escrevi *A Field Guide to Getting Lost* para aprofundar ideias sobre perambular, aventurar-se no desconhecido, chegar a um acordo com o mistério essencial no cerne das coisas e também sobre a perda. Não tinha certeza se algum dia iria mostrá-lo a alguém, se terminaria o livro, se ele seria publicável ou se eu mesma desejava publicá-lo. Mas por fim terminei, e ele teve uma vida modesta no início e depois interessante, à medida que as pessoas o foram descobrindo e citando, e alguns artistas fizeram trabalhos em resposta a ele.

O outro dos dois livros que surgiram a partir de *A história do caminhar* tratava da transformação tecnológica e do afastamento em relação ao corpo, fenômeno que veio com a transcendência do tempo e do espaço possibilitada pelas máquinas, e se centrava em Eadweard Muybridge, fotógrafo britânico que lançou as bases para o que veio a ser, futuramente, o cinema (e documentou San Francisco, onde viveu durante boa parte da juventude, quando matou o amante da sua mulher, fez algumas das mais belas fotos de paisagens e panoramas do século XIX e transformou, com a fotografia sequencial de alta velocidade, o que cientistas e artistas sabiam sobre o ser humano em movimento).

Outra coisa mudou no meu trabalho na época em que o livro de Muybridge foi publicado, na primavera de 2003. Em parte, veio de assistir a palestras de Barry Lopez e Terry Tempest Williams e de conhecer Susan Sontag. Perguntei-me por que, embora estivesse escrevendo sobre política de várias maneiras, eu não estava falando tão diretamente quanto Sontag sobre as notícias do dia, ou como Barry e Terry falavam sobre o que havia por baixo das notícias — os terrores, anseios e ideais que impulsionam o nosso "eu" público, assim como nossos "eus" particulares. E eu estava começando a coletar histórias que ilustravam a evolução do meu senso de como o mundo se transforma, onde reside o poder e o que podemos dizer em favor da esperança.

Outro de meus encontros terríveis e divertidos com homens brancos mais velhos serviu para reunir esse conjunto de ideias no meu ensaio de maio de 2003, "Hope in the Dark" [Esperança no escuro] e no livro de 2004 com o mesmo título. Na primavera de 2003, meu trabalho foi apresentado em um colóquio universitário com um homem que lançou um longo ataque pessoal contra mim, contra os meus motivos e a minha visão esperançosa. Cheguei a essa visão durante um projeto de retorno ao Parque Nacional de Yosemite. Em 2001, com os artistas Mark Klett e Byron Wolfe, me aventurei no parque para refazer as fotos tiradas ali por Eadweard Muybridge e entender o que havia mudado desde o trabalho dele, feito em 1872. Nosso projeto se transformou em uma pesquisa mais ampla sobre fotógrafos anteriores, tanto modernistas como vitorianos, e sobre o que havia e não havia mudado desde a época deles. A exploração me deu uma noção magnificamente complexa da mudança, como algo que não ocorre em um ritmo previsível, mas varia muito de lugar para lugar e de entidade para entidade: algumas árvores ainda eram reconhecíveis depois de mais de um século, alguns conjuntos de pedras não haviam se alterado durante todo esse tempo, mas o rio Merced mudara seu curso, florestas tinham devorado pradarias e famosos monumentos naturais haviam desaparecido.

Eu achava que fora até lá para ver as mudanças ocorridas ao longo de 130 anos, mas fiquei espantada ao descobrir o quanto havia mudado em menos de uma década, desde que eu percorrera todo aquele local para *Savage Dreams*. Os povos nativos haviam conquistado alguns direitos e muito mais representação no parque. Antes da chegada dos brancos, eles provocavam queimadas como parte das suas técnicas de manejo da terra, e a instituição responsável pelos parques nacionais finalmente reconheceu que o fogo é parte integrante da ecologia do local, após um século de repressão aos incêndios. E os visitantes do parque eram agora muito mais diversos etnicamente; a noção de que uma cosmologia tinha sido expulsa por outra estava dando lugar, ou assim me parecia, a outra noção: a coexistência de muitas visões de mundo e um grande ajuste na visão eurocêntrica, no sentido de reconhecer — imperfeitamente, incompletamente, mas ainda assim, reconhecer — os direitos e a presença dos indígenas norte-americanos. A Califórnia estava a caminho de tornar-se um estado de maioria não branca, e o que havia de promissor nisso eu encontrei, em parte, em Yosemite nessa viagem.

Foi essa a visão esperançosa que apresentei na universidade, onde aquele acadêmico havia criticado meus motivos e meu caráter durante meia hora, diante das alunas que eu trouxera do curso de redação que eu dava na época numa escola de arte. Ele estava apegado à sua narrativa de que tudo ia de mal a pior, para seu desespero (e, segundo me disseram amigos comuns, estava ressentido porque minha pilha de publicações continuava crescendo). Fiquei chocada por ter trazido aquelas jovens, por insistência do meu reitor, para assistir a um debate de alto nível e elas precisarem ter ouvido aquilo. A coisa toda ficou martelando na minha cabeça até alguns dias depois, quando me levantei antes do amanhecer, voltei para a velha escrivaninha à janela da minha casa e escrevi até que o sol nasceu e um corvo pousou nos fios telefônicos logo ao lado da janela, e eu tinha conseguido montar a contento minha argumentação preliminar em favor da esperança. Escrevi às alunas: "Obrigada por assistirem até o fim ao meu, hum, colóquio muito interessante, e um agradecimento especial a Maggie e Kristina por me darem demonstrações de apoio lá do fim da sala. Para mim, o assunto mais importante é que tipos de histórias podemos imaginar e podemos contar".

O conflito acadêmico sobre as minhas ideias ocorreu treze dias antes da Guerra do Iraque, que começou com uma explosão de bombas norte-americanas em 20 de março de 2003. No início daquele ano eu havia reunido um grupo de amigos — um veterano da Guerra do Golfo, um cantor que era um velho amigo da época da Área de Testes de Nevada, um budista cubano gay, um astrofísico, uma advogada especialista em violência doméstica — sob a rubrica B.A.D.A.S.S.,* Bay Area Direct Action Secret Society [Sociedade Secreta de Ação Direta da Bay Area]. Fizemos parte de um movimento global antiguerra que no mês anterior havia realizado a maior manifestação da história mundial, em milhares de locais, centenas de países, nos sete continentes. Nós nos fantasiamos de super-heróis, vestimos roupa social, vestimos roupa branca com máscaras brancas no rosto e rostos de crianças iraquianas

---

* "Badass", na gíria, significa "valente", "durão". (N. T)

no peito, vestimos roupa preta. Fizemos passeatas, fizemos teatro de rua, cantamos, e então as bombas começaram a cair e, horrorizados, ajudamos a fechar o distrito financeiro da cidade.

Muitos anos depois, ouvi um caso contado por Natashia Deón, que na época era advogada empresarial e morava num arranha-céu perto desse distrito. Num dos maiores dias desses protestos, ela desceu lá do alto para comprar um refrigerante, olhou em volta para a multidão na avenida e pensou no que estava fazendo da vida. Na hora decidiu mudar. Tornou-se uma advogada que defende apaixonadamente os indigentes e, alguns anos depois de ficarmos amigas, uma romancista de sucesso. Isso que ela me contou, anos mais tarde, foi o tipo de história que comecei a colecionar para argumentar que não podemos assumir que sabemos qual a importância do que estamos fazendo. Ou, pelo menos, não podemos declarar de imediato que fracassamos, porque as consequências nem sempre são diretas, imediatas ou óbvias, e as consequências indiretas também são importantes.

Quando começou o bombardeio de Bagdá, alguns companheiros de protestos e outras pessoas ao meu redor concluíram, a partir do fato de que não haviam conseguido deter a guerra, que não tinham conseguido nada; e, às vezes, partiam daí para a ideia de que nunca haviam conseguido nada, que não tinham poder nenhum e que estávamos todos condenados. O desespero se tornou uma máquina que triturava qualquer coisa que você lhe desse como alimento. Isso me incentivou a trabalhar mais intensamente na minha argumentação a favor da esperança. Eu vinha coletando informalmente trechos e exemplos e, no dia seguinte ao ataque contra mim no colóquio da universidade, escrevi essa carta em favor da esperança, para enviar a algumas pessoas que estiveram lá presentes. A divergência muitas vezes dá margem a um esclarecimento, pelo menos no meu caso, e pode ser útil mesmo quando a intenção é hostil. Metade das minhas musas inspiradoras é de pessoas que têm ódio.

Depois que a guerra começou, trabalhei numa espécie de transe, dia e noite, durante três ou quatro dias para dar forma ao material e elaborar o ensaio "Hope in the Dark". Casos e exemplos que vinham se acumulando havia anos de repente tinham um molde onde se encaixar, e o molde era o argumento em favor da esperança. Parte do ensaio foi reciclada a partir da carta para minhas alunas. Foi a primeira coisa que publiquei exclusivamente on-line, e tornou-se viral como nada que eu já havia feito; foi reproduzido por revistas alternativas, reimpresso como um livreto por um designer gráfico, encaminhado repetidamente por e-mail, naquela época anterior às mídias sociais.

Argumentei que tínhamos, sim, muito poder, e uma história de vitórias esquecidas e subestimadas; que, embora algumas coisas estivessem piorando, a visão de longo prazo — especialmente se você fosse não homem, ou não heterossexual, ou não branco — mostrava uma melhoria notável nos nossos direitos e nossos papéis, e que não é possível saber com antecedência quais serão as consequências dos nossos atos. Muitas vezes não é possível saber logo depois, ou mesmo nunca, já que grandes estrategistas, idealistas e movimentos podem provocar repercussões indiretas em outros tempos, outros lugares e outras lutas. Eu já vira, em 1989, a ação direta não violenta libertar os países da Europa Oriental dos seus governos totalitários; já vira, em 1994, a insurgência zapatista surgir da selva de Lacandon; já vira, em 1999, o governo do Canadá criar o vasto território de Nunavut governado pelos indígenas — enfim, vira coisas que nunca sonhei serem possíveis. Em 2004 transformei o ensaio sobre esperança num pequeno livro e nos anos seguintes ele saiu em mais de dez países e idiomas.

Meu interlocutor da universidade me acusara de oferecer paliativos por razões de marketing, mas o que eu queria oferecer era encorajamento — uma palavra que, embora carregue o estigma de ser "boazinha", significa, literalmente, instilar coragem. Encorajar, incentivar, não para fazer as pessoas se sentirem bem, mas para fazê-las se sentirem poderosas. Acabei percebendo que o que eu estava fazendo poderia ser definido como roubar a melhor desculpa para não fazer nada: que você não tem poder nenhum e nada do que você faz tem importância. Era um alimento para o senso de possibilidade das pessoas e divergia de muitas narrativas mais conhecidas, nas quais o desespero e o cinismo — essa estranha fórmula em que o excesso de confiança no resultado prejudica nossa vontade de desempenhar um papel — justificam a não participação. Alguma coisa profunda havia mudado para que eu me sentisse capaz de mudar a cabeça das pessoas e de ser responsável por cuidar dos corações. Um sentimento de impotência e de desconexão tinha se esvanecido, substituído por um sentimento de possibilidade — em relação à minha capacidade e à minha função, e também em relação ao modo como a própria mudança funciona.

Ao longo dos anos seguintes, tornei-me articulista política, escrevendo ensaios em resposta a eventos em curso e a situações crônicas e divulgando-os através de um site consultado por portais de notícias em todo o mundo. Com frequência eram as piores coisas, as coisas das quais eu discordava ou que me provocavam indignação as que me inspiravam a escrever, embora eu escrevesse muito também sobre o que eu amava — e se eu me opunha a certas coisas, era porque elas prejudicavam ou ameaçavam prejudicar aquilo que eu amava. E então escrevi algo que assumiu uma vida própria, uma vida própria irrefreável, e escrevi de modo totalmente casual. Tudo o mais que escrevi foi sobre assuntos que eu mesma escolhi e abordei intencionalmente; mas o feminismo me escolheu, ou foi algo que não consegui evitar.

3.

Naquele tempo eu costumava escrever meus e-mails para Tina com um boletim meteorológico na linha de assunto, já que ela havia se mudado para assumir um cargo de professora e tinha saudades da Bay Area. Nós nos correspondíamos quase diariamente havia anos, até várias vezes por dia. Em 24 de março de 2008 estávamos dando sequência a uma conversa iniciada em 20 de março a que eu dera o título de LUA CHEIA, EQUINÓCIO, DIA BONITO, PORÉM FRIO. Naquela noite de 24 de março, escrevi outro e-mail com um novo cabeçalho: LONGAS NUVENS TIPO ESPINHA DE PEIXE ANTES DO ANOITECER.

Dois anos antes eu havia trocado o apartamento por um lugar mais espaçoso, tipo sótão, seis quarteirões mais para o sul. Minha amiga Marina tinha acabado de se mudar comigo para lá, fugindo de um horrível marido que logo seria ex-marido, e fiquei encantada por tê-la comigo. Na época em que recebi um diagnóstico alarmante, naquele inverno, éramos amigas íntimas. O diagnóstico acarretou uma cirurgia importante algumas semanas antes dessa época, de modo que ali estávamos aninhadas, convalescendo, cada uma à sua maneira. Ela era uma dessas pessoas com quem uma conversa, uma vez que se abre, passa a jorrar espontaneamente, com piadas e risadas misturadas com a exploração de ideias e de eventos, aspirações e emoções, as conversas que sempre sonhei ter.

Uma amiga para conversar pessoalmente, uma amiga para escrever todos os dias. Foi uma época difícil, e há algumas reclamações no e-mail para Tina, mas eu chegara a um ponto em que minha vida social era tudo que eu podia desejar. Marina, que tinha olhos brilhantes como os dos passarinhos, uma vivacidade e um calor emocional excepcional, além de uma mente brilhante para política, tinha andado abatida após a sua separação, até aquela noite das longas nuvens de espinha de peixe. Relendo o e-mail (Tina também gostava de descrições de alimentos), recordei que eu tinha feito um jantarzinho para nós duas com macarrão, alcachofras e verduras da feira do Centro Cívico, e que convidara meu irmão, também amigo íntimo dela, que veio nos visitar depois de participar de uma manifestação em que 4 mil velas foram acesas para as vítimas de um massacre; recordei também que bebemos uma garrafa de vinho tinto e, sob essa leve influência do álcool, Marina recuperara seu brilho e sua verve.

A carta das nuvens de espinha de peixe não mencionava que naquela noite eu falei brincando, como vinha fazendo havia anos, que gostaria de escrever um ensaio chamado "Os homens explicam tudo para mim". Toquei no assunto nesse jantar em torno da minha mesinha dobrável de carvalho, com enormes pernas centrais em forma de vasos, comprada de um casal de idosas que moravam ao lado. Quando mencionei a ideia, Marina me pediu energicamente que escrevesse o ensaio, dizendo o quanto as mulheres jovens, como sua irmã, precisavam daquilo.

Muitos anos depois, no apartamento onde moro atualmente, sentei-me a outra mesa de cozinha com uma atriz de cinema que veio conversar comigo sobre feminismo. No dia seguinte chegou um enorme buquê com um cartão citando a frase que ela mais tinha gostado, de tudo que eu havia dito: "O problema não é você, é o patriarcado" — que pode ser uma das mensagens básicas do feminismo. Ou seja, não há nada de errado com você; há algo errado com o sistema que a puxa para baixo e diz que você é inútil, incompetente, não confiável, sem valor, errada. Marina ouvira nas minhas histórias a possibilidade de contar isso para o mundo todo, ou para algumas mulheres, e julgava que elas deviam ouvir.

Eu acordava cedo, e ela estava recuperando seu sono atrasado, tão necessário, e o sótão tinha apenas dois aposentos grandes. A cozinha, com o sofá em que os hóspedes dormiam, dava para o oeste. A sala que dava para o leste era meu quarto e meu escritório, com uma longa bancada embutida, sustentada no centro pela velha escrivaninha branca com pernas torneadas. Assim, na manhã do dia 25, em vez de perturbar o descanso de Marina, sentei-me mais uma vez àquela mesa e fiz o que ela pediu. O ensaio fluiu com facilidade, ou melhor, jorrou, aparentemente por vontade própria. Quando isso acontece, significa que os pensamentos estão sendo gestados há muito tempo e escrever é apenas o nascimento do que já estava tomando forma em algum lugar fora das nossas vistas. Grande parte do trabalho de escrever acontece quando você aparentemente não está trabalhando, feito por uma parte da sua pessoa que você pode não conhecer e não controla, e quando o trabalho aparece dessa maneira, seu dever é apenas sair da frente, não atrapalhar.

O que escrevi naquela manhã me assustou, porque na véspera, quando falei brincando a respeito, eu não tinha conectado os homens explicando tudo para mim com o que acabei escrevendo na manhã seguinte. O começo do ensaio é uma comédia: em um incidente ocorrido cinco anos antes, um homem fala comigo com total superioridade para me explicar o meu próprio livro, e fica atônito, brevemente, ao se dar conta (quando meu companheiro por fim consegue interrompê-lo) de que eu, a pessoa que ele tinha descartado e transformado em ouvinte, era justamente a autora daquele "livro muito importante" sobre Muybridge a respeito do qual ele estava discursando.

Já fui criticada por pessoas que me acusam de equiparar pequenas indignidades a crimes graves, pessoas que não compreendem, ou preferem não compreender, que falamos sobre muitas coisas ao longo de um espectro, e podemos distinguir os vários pontos do espectro, mas o essencial é que se trata de um só espectro. Obrigar as pessoas negras a beber água em bebedouros separados e linchar os negros são coisas diferentes em grau e em tipo, mas ambas surgem do mesmo empenho de forçar a segregação e a desigualdade, e quase ninguém tem dificuldade para entender isso.

Desde que o ensaio que escrevi naquela manhã foi publicado, já recebi relatos de mulheres advogadas, cientistas, médicas, acadêmicas de diversas áreas, atletas e alpinistas, mecânicas, mestres de obra, técnicas de cinema e muitas outras mulheres que já tiveram que ouvir explicações sobre o seu campo de atuação dadas por homens que não faziam a menor ideia do que estavam falando, mas julgavam que o mundo está organizado de tal maneira que o conhecimento é inerente a eles, assim como a falta de conhecimento é inerente a elas; que escutar é nosso estado natural e nossa obrigação, e discursar sobre as coisas é direito deles; e talvez a tarefa da mulher seja deixar que o senso que ele tem de si mesmo vá aumentando enquanto o dela se encolhe. Essa assimetria acerca de quem está no comando dos fatos se aplica a tudo, desde questões intelectuais até o que aconteceu um minuto atrás, e prejudica a capacidade das mulheres de fazer quase qualquer coisa — inclusive, às vezes, sobreviver.

O ensaio começa com essa história engraçada sobre o homem que me explicou tudo acerca do livro muito importante sobre Muybridge. A próxima historieta do ensaio, retirada da minha própria vida, não era nada engraçada:

> Quando eu era muito jovem e estava apenas começando a entender o que é o feminismo e por que ele é necessário, tive um namorado cujo tio era físico nuclear. Certo dia, no Natal, ele começou a contar — como se fosse um assunto leve e divertido — que a esposa de um vizinho de bairro — que, aliás, vive em função de uma fábrica de bombas — saiu correndo de casa nua, no meio da noite, gritando que o marido estava tentando matá-la. E como, perguntei eu, o senhor sabia que ele *não* estava tentando matá-la? Ele explicou, pacientemente, que eram pessoas respeitáveis de classe média; sendo assim, o fato de o marido haver tentado matá-la simplesmente não servia como explicação válida para o fato de que ela fugiu de casa gritando que o marido estava tentando matá-la. Por outro lado, a hipótese de que ela era louca...

A mesma suposição de que você é incompetente no seu campo de atuação pode significar que você é vista como incompetente para saber se alguém está tentando matá-la. É uma suposição que já resultou em morte para muitas vítimas de violência doméstica, assédio e perseguição. Esse ensaio acabou indo para lugares aonde eu não sabia que iria chegar.

Sou uma mulher que, quando uma amiga poeta me contou sobre um incidente com uma freira na escola católica, dizendo que "foi a única vez que alguém me bateu", fiquei estupefata, tentando imaginar uma vida tão segura e calma como a dela a esse respeito. Sou filha de um homem que considerava seu direito bater em mulheres e crianças, e fez isso, assim como seu pai fizera antes dele, e de uma mulher que não tinha (ou achava que não tinha) nenhum recurso contra aquele homem durante duas décadas, e nenhum lugar onde registrar uma queixa. Sou uma mulher que, nos primeiros anos da adolescência, teve que aprender a se encolher, a se esgueirar e desaparecer de vista quando perseguida por homens adultos, pois dizer a eles para me deixarem em paz era, naquela época da minha juventude, inconcebível como algo que eu tivesse o direito de dizer, ou mesmo pudesse dizer com segurança, e algo a que eles tivessem obrigação ou mesmo vontade de dar atenção. Sou uma mulher que passou a juventude toda pensando que provavelmente seria estuprada e talvez também assassinada, e que passou a vida inteira em um mundo onde mulheres são estupradas e assassinadas por homens desconhecidos pelo simples fato de serem mulheres, e também por homens conhecidos por afirmar seus direitos ou apenas pelo fato de serem mulheres; e um mundo onde esses estupros e assassinatos são objeto de longos e lascivos olhares na arte. Sou uma mulher a quem já disseram, em momentos cruciais, que não tinha credibilidade em suas palavras, que estava confusa, que não tinha competência para lidar com os fatos. E em tudo isso, sou uma mulher perfeitamente normal. Afinal, vivo numa sociedade onde figuram como coisas normais o protocolo pós-estupro, o mês da conscientização do assédio nos campi universitários, os abrigos para a violência doméstica onde mulheres e crianças têm que se esconder de maridos e pais.

    E sou uma mulher que se tornou escritora e por meio disso ganhou certa reputação ao escrever sobre outras coisas, desde a arte até a guerra, e por vezes tentou aproveitar esse status para abrir espaço para as vozes de outras pessoas. Sou uma mulher que certa manhã escreveu um ensaio chamado "Os homens explicam tudo para mim", que trata do leve menosprezo de ter seu tema de especialização explicado por um tolo que nem sabe que não sabe o que está falando, nem com quem está falando; e que essa atitude está dentro de um amplo espectro, e na outra extremidade do espectro há uma abundância de mortes violentas.

Algumas horas depois imprimi uma versão do ensaio para colocar na mesa do café da manhã, junto ao café da Marina e ao meu chá, e às 10h42 enviei por e-mail a treze amigas, incluindo Tina, com a linha de assunto OS HOMENS EXPLICAM TUDO PARA MIM. A versão daquela manhã tinha uma pequena ornamentação supérflua que foi eliminada antes da publicação, incluindo, para minha surpresa quando vejo agora, uma epígrafe de "Ode a um rouxinol", de Keats, mas está bem próxima do ensaio que publiquei on-line e, numa versão truncada, no *Los Angeles Times*, algumas semanas depois.

Escrevi sobre minhas próprias experiências e percepções, mas acabou ficando claro que elas tinham muito em comum com as experiências e percepções de outras mulheres. O ensaio viralizou de imediato e recebeu milhões de acessos no site da revista on-line *Guernica* ao longo dos anos, pois as experiências e situações que descrevi são brutalmente comuns e pouco reconhecidas. Esse ensaio, que escrevi de uma vez só naquela manhã, provavelmente exerceu mais impacto do que qualquer outra coisa que já fiz. Como título de uma antologia de 2014 dos meus ensaios feministas, foi best-seller na Coreia do Sul, permaneceu entre os mais vendidos nos Estados Unidos durante anos e foi publicado em várias outras línguas, do espanhol ao dinamarquês e ao persa.

E logo depois de publicado, motivou um comentarista anônimo no site LiveJournal a cunhar a palavra *mansplaining*, uma palavra que pegou, entrou no *Oxford English Dictionary* em 2014, é hoje amplamente conhecida e usada em inglês, existe em dezenas de idiomas e gerou uma série de variações, como *whitesplaining* (as explicações condescendentes das pessoas brancas). A expressão *mansplaining* é geralmente creditada a mim, embora eu não a tenha criado. O ensaio também ofereceu incentivo a várias pessoas, o que para mim é motivo de orgulho. Uma escritora muito famosa enviou o artigo, logo depois de publicado, a um conhecido crítico, um misógino belicoso, com a seguinte mensagem: "Ler este maravilhoso ensaio de Rebecca Solnit me lembrou de algo que venho querendo lhe dizer há muito, muito tempo. Vá se foder". Levou também uma jovem conhecida minha a se divorciar.

Fico empolgada e emocionada com as jovens que me procuram para dizer que algo que escrevi as ajudou a encontrar seu poder e seu valor, e a rejeitar a subjugação. Você realmente não sabe o que está fazendo quando escreve, pois tudo depende da maneira como as pessoas leem; e conhecer os desejos e interesses delas pode levar você por caminhos conhecidos, mas não conhecê-los pode levar você a desejos e interesses que você não sabia que existiam — e, por vezes, que seus leitores também não sabiam. Há uma frase budista sobre o trabalho dos bodisatvas: "a libertação de todos os seres". Vejo o feminismo como um subconjunto desse trabalho.

4.

A voz de uma escritora deveria ser exclusivamente dela. É o que torna alguém distinto e reconhecível, e não é exatamente o estilo, nem é apenas o tom ou o assunto; é algo que vem da personalidade e dos princípios da escritora, é onde estão localizados o seu senso de humor e sua seriedade, as coisas em que você acredita, suas razões para escrever, sobre quem e sobre o que você escreve, e para quem. Mas os temas feministas que se tornaram parte importante do meu trabalho depois de "Os homens explicam tudo para mim" são escritos para outras mulheres, a respeito delas e, com frequência, com a voz de outras mulheres falando da sobrevivência.

Esse meu trabalho por vezes incluía um coro e às vezes ia se unir a um coro já existente. Quando se busca um trabalho criativo, costuma-se considerar a imortalidade como um ideal. Deve-se aspirar a fazer algo que seja reconhecido e que vai, como dizem, "manter seu nome vivo"; e é verdade que as palavras estão vivas quando são lidas ou ouvidas. Mas aprendi com os artistas que pesquisei e sobre os quais escrevi, e também com os movimentos que mudaram a cultura, que há duas maneiras de dar contribuições importantes. Uma é fazer um trabalho que fica visível diante dos olhos das pessoas; a outra é fazer um trabalho que acaba sendo absorvido tão profundamente que deixa de ser aquilo que as pessoas veem e se torna a maneira como elas o veem. Não está mais na frente deles; está dentro delas. Não se trata mais do artista; trata-se das pessoas, que já não são mais apenas público.

As obras de arte que tiveram um impacto em seu tempo às vezes parecem datadas ou óbvias porque o que elas tinham de novo e até revolucionário se tornou comum — é a maneira como as coisas são, como editamos os filmes, como encaramos a história, a natureza, a sexualidade, ou como compreendemos os direitos e suas violações. Assim, a visão de um só ou de poucos se torna a perspectiva de muitos. São ideias que se tornaram obsoletas justamente devido ao seu sucesso — e o triste fato de que muitos textos feministas do século XIX ainda são relevantes nos faz lembrar que, apesar de termos avançado, ainda não avançamos o suficiente.

Às vezes penso que a imortalidade é uma ideia do deserto, vinda dos fanatismos monoteístas do deserto, onde uma cicatriz ou um tesouro podem durar milhares de anos, onde alguns pastores beduínos podem tirar os Manuscritos do Mar Morto de uma jarra numa caverna cerca de 2200 anos depois de terem sido colocados lá — incluindo o Livro de Isaías, que nos lembra que "toda carne é erva". Em lugares úmidos tudo se deteriora, e muita coisa decai e volta ao solo, e esse solo nutre novas vidas, e talvez a melhor coisa que o trabalho criativo possa fazer é fertilizar o solo, de modo que, ali esquecido, se torne o alimento de uma nova era, ou melhor, seja devorado, digerido, se torne a própria consciência daquela época. O mármore dura, mas o solo alimenta.

Meu tempo de vida já abarcou uma revolução contra os velhos autoritarismos. No final dos anos 1950 e início dos 1960, em resposta às crises da chuva nuclear e dos pesticidas, as pessoas comuns passaram a questionar a autoridade dos cientistas a serviço da indústria militar e dos laboratórios químicos; em seguida, o nascente movimento ambiental começou a fazer perguntas mais amplas sobre o antropocentrismo, o capitalismo, o consumismo e as ideias de progresso e dominação da natureza. Os movimentos de justiça racial questionaram a centralidade da cor branca, os movimentos de libertação dos gays e lésbicas questionaram a centralidade da heterossexualidade e o feminismo questionou o patriarcado (e, quando tivemos sorte, essas avenidas se cruzaram). Mas eram mais do que perguntas; eram exigências de mudança e de redistribuição do poder e do valor.

A mudança é a medida do tempo, e muitos consideraram que esses movimentos não conseguiram alcançar objetivos específicos ou de curto prazo; mas a longo prazo muitos deles mudaram as próprias premissas sobre as quais as decisões eram tomadas e os fatos eram interpretados, e a maneira como as pessoas imaginavam a si mesmas, suas possibilidades, seus direitos e a própria sociedade. E quem decidia, quem interpretava, o que era visível e audível, a voz de quem e a visão de quem tinham importância.

O feminismo estava em um momento de pausa em 2008, quando escrevi aquele ensaio. Muitas coisas progridem da mesma maneira que o feminismo progrediu nos últimos anos — com um ritmo imprevisível de mudança gradual, estagnação ou regressão, pontuado por súbitas crises nas quais a situação e a imaginação coletiva mudam rapidamente. Para o feminismo, muitas dessas erupções têm sido provocadas por algum evento dramático no noticiário. Em 2012, as ativistas antiestupro nos campi universitários nos Estados Unidos estavam se tornando mais visíveis, audíveis e efetivas; e foi então que dois crimes receberam muita cobertura da mídia — em agosto, o ataque sexual da gangue de Steubenville, no estado de Ohio, a uma adolescente alcoolizada de dezesseis anos e, em dezembro, o estupro coletivo seguido de morte de Jhoti Singh em um ônibus em Nova Delhi — e assim alguma coisa mudou.

Ou alguma coisa já havia mudado, porque essas histórias horríveis eram histórias comuns que tiveram uma cobertura extraordinária, talvez porque quem decide o que é notícia e a partir da perspectiva de quem a história será contada já mudou. Pela primeira vez, pelo que me parece, essas histórias foram apresentadas como emblemáticas de uma epidemia, e não, como esses crimes quase sempre eram apresentados, como incidentes anômalos isolados que não levantavam questões sobre quão comum é essa violência e como ela afeta as mulheres em geral. Quando algo tolerado há muito tempo passa a ser visto, subitamente, como intolerável, alguém se tornou audível e alguma outra pessoa começou a ouvir pela primeira vez.

No início de 2013 uma barragem se rompeu. Atrás dela vieram milhões de histórias de mulheres sobre a violência sexual, uma violência possibilitada por sua inaudibilidade, sua falta de credibilidade e a inconsequência de suas histórias. Torrentes de histórias jorraram. Em resposta ao massacre de Isla Vista de 2014, motivado pela misoginia de um rapaz que odiava mulheres e quis puni-las por não lhe darem sexo, a que ele pensava ter direito. Em resposta a um astro do esporte que espancou sua noiva, em resposta a mulheres serem desacreditadas e atacadas por denunciarem um homem famoso que as agrediu. Em resposta às revelações de 2017 sobre abuso sexual, primeiro na indústria cinematográfica e depois em todas as áreas, desde os restaurantes até as fazendas e a indústria de tecnologia, no levante que se chamou #MeToo, e depois indo mais além dos Estados Unidos, da Islândia à Coreia do Sul. Em resposta à audiência da Suprema Corte de 2018 em que uma mulher contou sua história de ser agredida aos quinze anos e o trauma que daí restou, e como resultado da sua denúncia recebeu ameaças de morte.

A brutalidade disso tudo que examinamos e o júbilo que provém da capacidade de contar e do poder de contar formaram uma mistura estranha; as que contavam suas histórias se sentiam liberadas e, ao mesmo tempo, reviviam seu sofrimento enquanto falavam. Através de cada ruptura se derramavam tantas histórias que parecia que tudo que estava oculto saíra a céu aberto; e então havia mais uma ruptura, e mais milhares, ou centenas de milhares de mulheres contaram suas histórias pela primeira vez.

A violência contra os corpos só foi possível nessa epidemia de uma escala épica por meio da violência contra as vozes. A ordem existente repousava sobre o direito e a capacidade dos homens de estarem no comando — no controle do significado e da verdade, de quais histórias eram importantes e chegavam a ser contadas, bem como dos fenômenos mais tangíveis (o dinheiro, a lei, o governo, a mídia) que mantinham esse arranjo. E repousava sobre o silêncio ou o silenciamento daqueles cujas experiências demonstravam a ilegitimidade do status quo e dos que estavam no topo desse status quo. Mas alguma coisa essencial havia mudado. Costumava-se ver a mudança como um início, mas eu a via como a culminação do longo e lento esforço de tornar as perspectivas feministas mais difundidas e de colocar mais mulheres (e homens que consideram as mulheres iguais e dignas de crédito) em posições de poder como editoras, produtoras, diretoras de cinema, jornalistas, juízas, chefes de organizações, senadoras.

A ascensão das mídias sociais e a infinidade de novos fóruns on-line criaram espaço para muitas outras vozes, e essas histórias individuais, amplificadas, trouxeram seu próprio testemunho à conversa geral e fortaleceram o diagnóstico e a necessidade de mudança. Esse coro criou um amplo rio, cuja corrente carregava vozes individuais, tais como a minha; na medida em que o mundo mudou, foi um projeto coletivo realizado por muitos milhões de pessoas.

É comum deduzir que esse trabalho é impelido pela raiva, mas o ativismo em geral é impelido pelo amor — toda uma vida passada entre ativistas me convenceu disso. E outra coisa — embora os remédios para traumas mais oferecidos na nossa sociedade privatizada sejam remédios individuais, fazer algo para os outros e com os outros, algo para mudar as circunstâncias sob as quais você foi ferido, é uma experiência de conexão e de poder que supera aquela sensação de isolamento e impotência inerentes ao trauma.

Meus textos sobre agressão sexual e misoginia foram os que escrevi com mais facilidade, talvez porque o que me impulsiona é uma força mais difícil de parar do que de iniciar. O assunto requer uma imersão profunda em crimes hediondos; durante muitos anos li repetidamente sobre estupros no meu café da manhã, sobre espancamentos e perseguições no almoço e tive assassinatos para o jantar; consumi muitos milhares de histórias e, contudo, porque tudo isso está vindo à tona de uma nova maneira, e porque há alguma possibilidade de transformar as situações e mudar o poder, esse impulso feroz supera o horror e o terror, e talvez seja a primeira coisa que tenha conseguido superá-los.

Na Área de Testes de Nevada aprendi que o jeito de lidar com as piores coisas é enfrentando-as diretamente. Se você fugir, elas te perseguem; se você as ignorar, elas te pegam despreparado; e é ao enfrentá-las que encontramos aliados, poderes e a possibilidade de vencer. Assim, eu já havia tentado diversas vezes bater de frente e nomear a violência de gênero nos meus escritos e, finalmente, encontrei o que esperava havia tanto tempo — um movimento global de mulheres enfrentando tudo isso e criando a conversa de que precisávamos.

Contar histórias era a nossa ferramenta principal. Nós apontávamos a frequência com que as mesmas metáforas, clichês e desculpas são usadas, as mesmas suposições são feitas, as mesmas pessoas são protegidas e recebem crédito em suas palavras, as mesmas pessoas são desacreditadas e punidas. Deixamos à mostra as velhas desculpas, o hábito de culpar a vítima e banalizar os crimes, tornando óbvios os padrões recorrentes de comportamento — insistindo, por exemplo, que são os estupradores que causam o estupro, e não o álcool, as roupas ou o desejo das mulheres de ir a lugares e conversar com pessoas. Até que enfim, começamos a falar sobre perseguição, assédio, agressão, estupro, violência doméstica e feminicídio como diferentes manifestações da mesma misoginia. A conversa sobre o feminismo ampliou e aprofundou nossos conhecimentos sobre como ocorre o abuso sexual, por que as vítimas tantas vezes não o denunciam e, embora raramente digam mentiras, em geral são desacreditadas quando denunciam; e por que os agressores quase nunca são condenados. As intersecções entre raça e gênero também entraram em foco de novas maneiras, assim como as analogias entre as duas coisas, como o fato de que a violência racial também é permitida por desvalorizar, desacreditar, culpar ou ignorar as vítimas.

5.

Levei dez anos e dezenas de ensaios feministas desde aquela manhã em que escrevi "Os homens explicam tudo para mim" para perceber que eu não estava falando e escrevendo, afinal, sobre a violência contra a mulher, embora estivesse lendo sobre isso incessantemente. Estava escrevendo sobre o que significa não ter voz e defendendo uma redistribuição desse poder vital. A frase crucial de "Os homens explicam tudo para mim" é: "A credibilidade é um instrumento básico de sobrevivência". Mas eu estava enganada ao afirmar que é um instrumento. Um instrumento é algo que você segura com suas próprias mãos e é você que o utiliza. O que ele faz depende de você.

Sua credibilidade decorre, em parte, de como a sua sociedade vê as pessoas como você, e já vimos repetidas vezes que por mais que algumas mulheres sejam credíveis segundo critérios supostamente objetivos, reforçados por provas, testemunhas e padrões de comportamento bem documentados, suas palavras não merecerão crédito de pessoas comprometidas em proteger os homens e seus privilégios. A própria definição de mulher sob o patriarcado é concebida para justificar a desigualdade, incluindo a desigualdade de credibilidade.

Embora o patriarcado muitas vezes reivindique para si o monopólio da racionalidade e da razão, os que se comprometem com ele estão prontos a rejeitar uma história totalmente comprovável, coerente e comum contada por uma mulher e aceitar qualquer relato fantástico de um homem; prontos a fingir que as acusações de violência sexual são raras e que as falsas acusações são comuns, e assim por diante. Por que contar uma história se ela vai apenas provocar uma nova rodada de punições ou menosprezo? Ou será ignorada como se não significasse nada? É assim que funciona o silenciamento preventivo.

Ter uma voz não significa apenas ter a capacidade animal de emitir sons, mas a capacidade de participar plenamente das conversas que configuram a sua sociedade, suas relações com os demais e a sua própria vida. Há três coisas importantes que são cruciais para se ter uma voz: audibilidade, credibilidade e relevância.

Audibilidade significa que você pode ser ouvida, que não foi pressionada a se calar ou excluída das arenas onde você pode falar ou escrever (ou ter sido privada da educação necessária para isso — ou, na era das mídias sociais, ter sido assediada, ameaçada e expulsa da plataforma, como tem acontecido com tantas mulheres).

Credibilidade significa que, quando você entra nessas arenas, as pessoas estão dispostas a acreditar em você. Não quero dizer com isso que as mulheres nunca mentem, mas sim que as histórias devem ser medidas em seus próprios termos e seu próprio contexto, em lugar da insistência do patriarcado em considerar a mulher categoricamente desqualificada para falar, pois ela é mais emocional do que racional, é vingativa, incoerente, iludida, manipuladora, não merece atenção — e essas coisas muitas vezes são gritadas em cima de alguma mulher que está dizendo algo desafiador (embora agora as ameaças de morte estejam sendo usadas como um rápido atalho, e algumas dessas ameaças são realizadas, principalmente contra mulheres que abandonam seus agressores, pois o silenciamento pode ser comunicacional ou pode ser um assassinato premeditado).

Ser uma pessoa *relevante* é ser alguém que importa, que conta. Se você tem importância, tem direitos, e as suas palavras servem a esses direitos e lhe conferem o poder de dar seu testemunho, fazer acordos, estabelecer limites. Se você tem relevância, suas palavras possuem autoridade para determinar o que vai acontecer com você e o que não vai acontecer, o poder subjacente ao conceito de consentimento como parte da igualdade e da autodeterminação.

Até mesmo legalmente as palavras das mulheres não tinham relevância: em apenas alguns lugares dispersos do planeta as mulheres podiam votar antes do século xx, e não tantas décadas atrás elas raramente se tornavam advogadas e juízas; conheci uma mulher do Texas cuja mãe foi das primeiras mulheres da região a fazer parte de um júri, e eu já era adulta quando a primeira mulher foi nomeada para a Suprema Corte dos Estados Unidos. Até poucas décadas atrás, as esposas em boa parte do mundo, incluindo os Estados Unidos, não tinham direito de firmar contratos e tomar decisões financeiras, ou mesmo de exercer jurisdição sobre seu próprio corpo de alguma maneira que anulasse a jurisdição do marido; em algumas partes do mundo, até hoje a esposa é, por lei, propriedade do marido, e outras pessoas escolhem por ela quem será seu marido. Ser uma pessoa sem relevância, falar sem ter nenhum poder, é uma condição desconcertantemente terrível, como se você fosse um fantasma, um animal, como se as palavras morressem na sua boca, como se o som não se propagasse mais. Dizer alguma coisa e isso não ter nenhuma importância é quase pior do que ficar em silêncio.

As mulheres foram lesadas nessas três frentes — assim como os homens negros e, duplamente, as mulheres não brancas. Não têm permissão de falar, ou são punidas por falar, ou excluídas das arenas onde as decisões são tomadas — tribunais, universidades, legislaturas, salas de redação. Vítimas de gozação ou descrédito, ou ameaçadas se encontrarem, afinal, um lugar para falar, e de hábito categorizadas como inerentemente falsas e traiçoeiras, vingativas, delirantes, confusas ou simplesmente não qualificadas. Ou então elas falam e é o mesmo que permanecer em silêncio; já contaram suas histórias e nada aconteceu, porque seus direitos e sua capacidade de dar testemunho não têm relevância, de modo que suas vozes são apenas sons que o vento vai levando embora.

A violência de gênero é possibilitada por essa falta de audibilidade, credibilidade e relevância. Vivemos dentro de uma enorme contradição: uma sociedade que, por lei e por se ter em alta conta, vaidosamente, afirma ser contra essa violência, e no entanto permite, por inúmeras estratégias, que a violência continue, irrefreada; protegendo melhor e com muito mais frequência os agressores do que as vítimas. Uma sociedade que rotineiramente vem punindo, humilhando e intimidando as vítimas por se manifestarem, desde casos de assédio no local de trabalho até estupro no campus e violência doméstica. O resultado torna os crimes invisíveis e faz das vítimas pessoas inaudíveis sem nenhuma importância.

O desrespeito à voz da mulher que é subjacente à violência sexual é inseparável do desrespeito posterior, que ocorre tantas vezes se uma mulher for à polícia, às autoridades universitárias, à sua família, à sua igreja, aos tribunais, ao hospital para pedir atendimento pós-estupro e então for ignorada, desacreditada, humilhada, menosprezada, considerada ela própria a culpada. Ambas as atitudes são ataques à plena humanidade de uma pessoa e ao seu pertencimento à sua sociedade; e a desvalorização nesta última arena possibilita a primeira. A agressão sexual só pode se difundir em situações de desigualdade na audibilidade, na credibilidade e na relevância. Essa, muito mais do que qualquer outra disparidade, é a condição prévia para a epidemia de violência de gênero.

Mudar quem tem uma voz, com todo o poder e os atributos que isso implica, não resolve tudo, mas muda as regras, especialmente as regras sobre quais histórias serão contadas e ouvidas, e quem decide isso. Uma das medidas dessa mudança são os muitos tipos de caso que foram ignorados, desacreditados, descartados ou julgados a favor do agressor anos atrás, mas que tiveram um resultado diferente no presente, porque as mulheres ou crianças que testemunharam têm mais audibilidade, credibilidade e relevância agora do que antes. O impacto dessa mudança histórica mais difícil de mensurar serão todos os crimes que não serão cometidos porque as regras mudaram.

Por trás dessa mudança estão as transformações: os direitos de quem tem importância, a voz de quem será ouvida, e quem decide. Amplificar e reforçar essas vozes e promover essa mudança foi uma das tarefas às quais dediquei a voz que ganhei como escritora, e ver que aquilo que eu e outras mulheres escrevemos e dissemos estava ajudando a mudar o mundo foi gratificante de várias maneiras para mim, como escritora e como sobrevivente.

Posfácio
Linhas da vida

Certo dia em New Orleans, no final de 2013, eu estava sentada a uma mesa numa salinha estreita autografando livros para uma longa fila de pessoas, junto com a minha coeditora, Rebecca Snedeker, nativa de New Orleans, quando uma mulher segurou minha mão nas suas e começou a ler a palma. O lançamento era do nosso atlas daquela cidade, meu 25º, 26º ou 27º livro, dependendo da maneira de contar. Eu tinha ido a New Orleans seis meses após o furacão Katrina, no fim de semana da Páscoa de 2006, e fui atraída para as histórias não contadas sobre a tempestade e suas consequências. Acabei me envolvendo na tentativa de expor os crimes raciais ocorridos lá; instiguei vários jornalistas investigativos a pesquisar e relatar esses crimes e eu mesma escrevi a respeito no meu livro de 2009 sobre os desastres e as notáveis sociedades que surgem nos escombros, *A Paradise Built in Hell* [Um paraíso construído no inferno].

Eu decidira ir a New Orleans para ver o que havia de mais feio na cidade: a pobreza, o racismo e o fato de que mais de 1,5 mil pessoas tinham morrido por causa disso na cidade alagada, primeiro abandonadas e depois atacadas e impedidas de deixar o local e de receber ajuda; morreram devido às histórias que as demonizavam e desumanizavam. E me apaixonei pelo que havia de mais bonito em New Orleans, incluindo o talento dos seus habitantes para estar aqui e agora, para conviver coletivamente, para saber onde estavam, para comemorar nas ruas e se conectar com quem estava ao seu redor, e para relembrar o passado que moldou esse presente. Tinham talento para valorizar outras coisas além da produtividade e da eficiência, essas virtudes miseráveis que empurram as pessoas para se atropelarem sem enxergar uma à outra e tiram a atenção e o prazer do dia a dia.

Essa falta de pressa pode ser o motivo pelo qual a mulher estava confiante de que poderia parar aquela longa fila para ler minha mão; eu sabia que New Orleans podia aguentar o atraso com paciência, e a deixei tomar conta da minha mão e eliminar meu senso de obrigação de manter as coisas em movimento. Não acredito em quiromancia e em nenhuma outra forma de adivinhação, mas acredito nas histórias que surgem, seja por que meio for, e na capacidade que os estranhos têm de ser mensageiros e espelhos em que você enxerga novas possibilidades. Suas palavras de despedida quando ela soltou minha mão foram: "Apesar de tudo, você é a pessoa que deveria ser". Guardei essas palavras comigo como um talismã.

Apesar de tudo, disse ela, e para mim isso são os obstáculos e os traumas comuns em bilhões de vidas. Eu sei quão profundamente as coisas mudaram para melhor, e quantas pessoas, no entanto, não são quem deveriam ser, porque o espelho distorcido do gênero lhes dá um senso do seu próprio eu muito prejudicado, ou porque seus direitos e capacidades, ou mesmo suas condições de sobrevivência, foram prejudicados. Não consigo imaginar um ser humano totalmente intacto, jamais prejudicado, e nem sei se isso é uma coisa útil de se imaginar, mas posso imaginar perfeitamente que alguns danos infligidos ao meu gênero podem ser minimizados e deslegitimados. Também creio que esse processo está em andamento, e que o simples fato de alguém lhe dizer que você merece estar segura, ser livre e ser igual pode fortalecê-la. Se sou feminista e tenho esperança é porque sei quão profundamente os direitos e o status da mulher mudaram, de muitas maneiras, em muitos lugares, desde o meu nascimento.

Sylvia Plath, aos dezenove anos, se lamentou: "Quero falar com todo mundo, quero conversar com o máximo de profundidade. Quero poder dormir em campo aberto, viajar para o oeste, caminhar livremente à noite" — mas se sentia incapaz de fazer tudo isso devido ao seu gênero. Nasci trinta anos depois dela e tive mais sorte. Percorri o Oeste do país, dormi em campinas nas montanhas, dormi em desertos, no fundo de cânions, às margens dos grandes rios do sudoeste dos Estados Unidos e no Ártico, percorri longas distâncias dirigindo sozinha, perambulei à noite por muitas cidades e alguns lugares rurais, me uni a rebeldes que organizavam manifestações de protesto, levantei barricadas em ruas, conheci heróis, escrevi livros, incentivei ativistas, tive as amizades e as conversas pelas quais ansiava quando era mais jovem, por vezes defendi os princípios em que acredito; vivi tempo suficiente para ver o arco da mudança se estender através do tempo — de uma maneira aterrorizante quando se trata da mudança climática, e às vezes emocionante quando se trata de políticas culturais. Também posso dizer com segurança que sou uma pessoa prejudicada e membro de uma sociedade que prejudica a todos nós, e prejudica as mulheres de maneiras específicas.

Há muitas histórias que podem ser contadas sobre esses danos. Encontrei uma recentemente num ensaio sobre fotos de destruição ambiental. As fotos mostravam o Carlin Trend, o cinturão de ouro microscópico que atravessa as terras dos Shoshone do Oeste, incluindo as fazendas de Carrie e Mary Dann, e que fariam de Nevada, se fosse um país independente, o quarto ou quinto maior produtor de ouro na Terra. Eu mesma visitei as minas, enormes depressões que poderiam engolir uma cidade inteira, feridas de onde a água foi bombeada para que os gigantescos equipamentos possam descer mais e mais fundo, enquanto montanhas inteiras são pulverizadas, outros metais pesados são liberados e a água com cianeto é despejada através da poeira para filtrar o ouro, para que empresas estrangeiras possam ter lucros e pessoas longínquas possam adornar o corpo. A preciosa água do deserto foi desperdiçada, envenenada e depois despejada em lagos artificiais que mataram os pássaros que ali pousavam. Conhecer aquelas minas me fez odiar o ouro.

Acompanhando as fotos vinha um ensaio citando outro escritor que trabalhou por oito temporadas na Antártida. Jason C. Anthony escreveu sobre as deficiências nutricionais comuns no passado entre os marinheiros e exploradores polares e sua causa:

> Sem a vitamina C não podemos produzir colágeno, um componente essencial dos ossos, cartilagens, tendões e outros tecidos conjuntivos. O colágeno fecha os ferimentos, mas esse tecido de cicatrização é substituído continuamente ao longo da vida. Assim, no escorbuto avançado, velhas feridas que há muito se pensava estarem curadas reaparecem magicamente, dolorosamente.

Pode-se interpretar isso como uma afirmação de que nunca superamos nada; mas talvez faça mais sentido lembrar que, embora o dano não seja necessariamente permanente, o reparo também não é. O que é ganho, modificado ou corrigido deve ser conservado e protegido; do contrário pode se perder. Tudo o que avança pode retroceder. A eficiência nos diz que o pesar e o luto devem seguir certa rota, as coisas devem ser superadas e deve haver essa palavra que se aplica tanto a uma ferida como a uma mente: *fechar*. Mas o tempo e a dor são coisas mais fluidas e imprevisíveis, que se expandem e se contraem, se fecham e se abrem, se modificam.

Você se aproxima ou se afasta ou gira em torno de alguma coisa que te prejudicou; ou algo ou alguém traz você de volta; esse escorregar no tempo, como se a escada por onde você saiu se tornasse uma queda-d'água, é a desordem do trauma e da sensação de tempo do trauma. Mas por vezes você revisita o passado, como fiz neste livro, para mapear a distância percorrida. Há fechamento e reabertura e, às vezes, algo se reabre porque você pode lhe trazer algo novo, repará-lo de uma nova maneira ao compreendê-lo de uma nova maneira. Às vezes, o significado do início da história vai mudando à medida que novos capítulos são acrescentados.

Ser lesado, ser prejudicado, gera um destino diferente do que se poderia ter de outra forma; mas não impede alguém de ter uma vida, nem de fazer coisas relevantes. Às vezes, não é *apesar*, mas sim *por causa* de algo terrível que você se torna quem deve ser e se lança ao trabalho que deve fazer. Ouvi aquele "você deveria ser" não como se não houvesse dano algum, mas como algo que não me impedia de fazer aquilo que vim fazer. E parte do meu trabalho foi sobre esses danos, algo que se aplica a tantas de nós. Sempre me perguntei, pensando nas pessoas que trabalham pela justiça e pelos direitos, quem elas teriam sido num mundo sem injustiças e sem falta de direitos. Quem teria sido Martin Luther King Jr. numa sociedade não racista, Rachel Carson em Estados Unidos não envenenados? A menos que você os imagine em um mundo sem nenhuma dor nem mágoa, eles poderiam ter encontrado outras feridas para tentar curar. Costuma-se descrever o paraíso como um lugar sem nada para fazer, nada a exigir dos seus habitantes. Não desejo um paraíso que não exija nada de nós, e vejo o paraíso não como um destino aonde chegar, mas sim como uma estrela Polar por onde me orientar.

Quem leu minha mão foi uma mulher e, talvez, como as mulheres costumam fazer, como eu mesma costumo fazer, ela queria apenas me dar alguma coisa para fazer com que eu me sentisse bem, para realizar essa utopia microscópica que é um momento de bondade e gentileza, e o simples fato de que uma desconhecida quis me dar um presente é relevante. Alguns anos atrás, um homem correu atrás de mim na feira e me entregou um pote de mel do seu estande, um vidrinho hexagonal; ele me reconheceu, embora eu nunca o tenha visto antes. Tornar-se alguém que, ocasionalmente, pessoas desconhecidas querem recompensar porque sentem que eu lhes dei alguma coisa é algo espantoso, maravilhoso. Certa vez, uma jovem que passava por um estande onde eu estava autografando livros começou a dançar e saltitar de alegria ao me ver, e esse talvez seja o auge da minha carreira — ser, de alguma forma, motivo para o entusiasmo de outra pessoa. Nós duas nunca tínhamos nos visto, mas esta é a tarefa dos livros — alcançar mais além do escritor.

Há uma outra história envolvendo ferimentos e reparações que vem captando a imaginação de muita gente nos últimos anos. É sobre a arte japonesa do *kintsugi*, que literalmente significa "consertar com ouro". É um método de restaurar vasos de cerâmica quebrados com uma liga de ouro em pó misturado com laca. O resultado transforma as rachaduras em veias e canais de ouro, enfatizando, em vez de esconder, o fato de que o vaso tinha se quebrado, e tornando-o precioso de uma maneira diferente do que era antes. É uma forma de aceitar que as coisas nunca serão como eram, mas podem se tornar outra coisa, com outro tipo de beleza e valor. São objetos requintados, xícaras e tigelinhas com seus canais de ouro como cicatrizes mágicas, como figuras de oráculos, mapas de estradas, hieróglifos. Eles me fazem amar o ouro.

Minha amiga Roshi Joan Halifax, uma líder budista feminista, antropóloga, muito viajada, em diversas visitas ao Japão já segurou nas mãos esses utensílios reparados; há alguns anos ela os explorou como metáfora: "Não estou sugerindo que devemos buscar a quebra como maneira de ganhar força, embora algumas culturas de fato busquem a crise nos seus ritos de passagem, como forma de fortalecer o caráter e abrir o coração", escreveu ela. "Em vez disso, estou propondo que os ferimentos e contusões que resultam quando se cai da beira do abismo e se despenca no sofrimento moral [...] podem ser meios para o 'reparo dourado', para desenvolver uma maior capacidade de permanecermos firmes na nossa integridade, sem oscilar conforme o vento sopra." Depois a amiga que me deu a escrivaninha me mandou uma carta aprovando o que eu havia escrito sobre ela, terminando com uma frase de William Stafford: "Eu teci um paraquedas com tudo aquilo que estava quebrado".

Na verdade, as pessoas não "deveriam ser" nada, pois nós não somos feitos; nós nascemos, com algumas tendências inatas, e depois somos moldados, frustrados, escaldados, ou encorajados pelos acontecimentos e pelos encontros. *Apesar de tudo* sugere as forças que tentam frear uma pessoa ou mudar sua natureza e seu propósito; e *quem você deveria ser* sugere que essas forças não conseguiram ser totalmente bem-sucedidas. Foi uma frase adorável de receber de uma desconhecida que me leu a sorte, e eu a tomei para mim, e com ela a sensação de que "quem eu deveria ser" era a destruidora de algumas histórias e criadora de outras, rastreando as rachaduras e às vezes restaurando-as; e, por vezes, ser um carregador, ou mesmo um navio levando a carga mais preciosa que se pode transportar — as histórias que esperam para ser contadas, e as histórias que nos libertam.

Agradecimentos

Em retrospecto, este é um livro sobre obstáculos e animosidades, mas também sobre construtores de pontes e sobre bondades e gentilezas, e a estes devo tantos agradecimentos; a estes devo minha sobrevivência. Estou aqui devido às forças que protegem os vulneráveis, incentivam os excêntricos e educam os ignorantes.
Agradeço ao sr. James V. Young (1920-89), por um lar e pela sua amizade.
Agradeço à Western Addition, por uma educação em urbanismo.
Agradeço a ___ por uma mesa para escrever.
Agradeço aos três principais Davids dos meus vinte e poucos anos.
Agradeço aos rapazes gays, agradeço à cultura queer, agradeço à cidade que foi meu refúgio naqueles dias em que seus princípios eram mais elevados do que seus aluguéis. Agradeço à política de controle de aluguéis da cidade de San Francisco, sem a qual minha trajetória não teria sido possível.
Agradeço à clínica Lyon-Martin por ter dado atendimento

de saúde gratuito a esta garota hétero em seus espaços acolhedores para os gays.

Agradeço à Ocean Beach, agradeço ao oceano Pacífico, agradeço às sirenes de nevoeiro e às gaivotas. Muito obrigada às pessoas que protegeram o vasto cinturão verde em torno de San Francisco, por onde venho perambulando há meio século.

Agradeço à Biblioteca Pública de San Francisco e depois às bibliotecas da Universidade da Califórnia em Berkeley por todas as horas ali passadas, todos os livros e arquivos acessados e pelos ideais que vocês defendem. Agradeço às livrarias independentes, especialmente Moe's, City Lights, Green Apple, Green Arcade e a todos os sebos de outrora.

Agradeço à Universidade Estadual de San Francisco por abrir espaço para uma aluna transferida e pelos horários que acomodam os estudantes que trabalham; obrigada, Noel Wilson, professor de Shakespeare, pelo incentivo e por me arrumar meu primeiro emprego na imprensa, como estagiária em checagem de fatos na *San Francisco Magazine*.

Agradeço ao Museu de Arte Moderna de San Francisco, à equipe de pesquisa e coleções do museu e à bibliotecária Genie Candau. Obrigada ao Sierra Club por 35 anos de interesses comuns e de evolução.

Agradeço à Escola de Pós-Graduação em Jornalismo, especialmente a Bernard Taper, David Littlejohn e Ben Bagdikian.

Agradeço aos artistas que me ensinaram a me ver como escritora: Linda Connor, Ann Hamilton, Richard Misrach, Lewis DeSoto, Meridel Rubenstein.

Agradeço a Gent Sturgeon e Rex Ray e, mais tarde, a Paul Yamazaki na City Lights.

Agradeço a Rebecca Biggs, Steve Rosenberg e Rob Langenbrunner, meus primeiros editores na revista *Frank*; agradeço a Tim Yohannon e à *Maximum Rock'n'Roll*, idem; agradeço a Flora do *Music Calendar*, Cecile McCann da *Artweek* e a Gary Kornblau da *Art Issues*.

Agradeço a Bill Berkson, Michael McClure e Barbara Stauffacher Solomon, meus primeiros incentivadores, que apareceram nos meus vinte e poucos anos, e a Mike Davis e Lucy Lippard, que me deram força nos meus trinta e poucos anos.

Agradeço aos meus grupos de afinidade B.A.D.A.S.S., contra a Guerra do Golfo de 1991 e contra a Guerra do Iraque de 2002-3.

Obrigada aos belos motoqueiros do Denny's, na rodovia i-5 ao norte de Los Angeles, que me ouviram e me permitiram convencê-los de que Anita Hill estava dizendo a verdade, sentados à mesa comigo certa manhã de outubro de 1991.

Agradeço ao pessoal de Nevada: Bob Fulkerson, Carrie e Mary Dann, Corbin Harney, chefe Raymond Yowell, Bernice Lalo, Grace Potorti, Virginia/Dee-Dee Sanchez, Jo Anne Garrett, Marla Painter, Kaitlin Backlund e aos meus colaboradores na versão inicial do Projeto de Defesa dos Shoshone do Oeste.

Agradeço ao movimento anti-intervenção e aos movimentos ambientais da década de 1980 e à Rainforest Action Network, onde trabalhei como voluntária (e onde conheci Brad Erickson, do Projeto Ambiental da América Central, com quem aprendi tanto sobre justiça ambiental naquela época, quando ele próprio estava aprendendo com os anciãos dos Gwichin e dos Masaii); agradeço aos amigos ativistas do movimento antinuclear e da Área de Testes de Nevada dos anos 1990; agradeço aos ativistas climáticos do século xxi, entre os quais tenho agora tantos amigos e colegas, como Bill, May, Anna, Joe, Steve, Mike B., Antonia e Red.

Obrigada, Cleve Jones, por aquele momento em 2018 quando, ao me ver chegando com o magnífico banner que a artista Stephanie Syjuco havia feito, você me colocou à frente de uma marcha de homens gays pela nossa avenida central — talvez meu grande momento de chegada como cidadã de San Francisco. Obrigada pelo banner da democracia, Stephanie.

Agradeço a Garnette Cadogan, Elena Acevedo e Jaime Cortez pela amizade, pelos insights e pelos comentários sobre este manuscrito.

Agradeço, seis livros depois, a Paul Slovak, da Viking, meu editor e incentivador desde que recebeu a proposta de publicar *A história do caminhar* em 1997. Obrigada à Penguin, em primeiro lugar pelos livros de baixo custo que me formaram e em seguida pela glória de ver meus livros de capa dura da Viking transformados em brochuras da Penguin, com sua lombada cor de laranja e o logotipo da editora. Obrigada a Bella Lacey e Pru Rowlandson, da *Granta*.

Agradeço à agente Frances Coady, incentivadora, primeira leitora deste livro.

Agradeço a tantos amigos que tenho agora — Marina, Astra, Sam, Leigh, Tina, Ana Teresa, Catherine — e, especialmente, a Charles, caminhando ao meu lado e compartilhando o chá e muito mais durante a elaboração deste livro.

Agradeço a todas as mulheres que provaram que as histórias podem mudar o mundo, mulheres que mudaram a história coletiva a partir daquela velha história abrangente construída sobre silêncios intermináveis, agradeço às inúmeras contadoras de histórias nas mídias sociais, nos fóruns públicos, nas conversas, nas notícias, nos livros e nos tribunais, que quebraram esses silêncios com suas vozes e, assim, abriram espaço para outras vozes serem ouvidas — talvez antes que estas também se tornassem sobreviventes com histórias terríveis para contar.

Agradeço ao feminismo. Agradeço às interseções.

Um brinde à libertação de todos os seres.

ESTA OBRA FOI COMPOSTA EM MINION PELO ACQUA ESTÚDIO E IMPRESSA
PELA GEOGRÁFICA EM OFSETE SOBRE PAPEL PÓLEN SOFT DA SUZANO S.A.
PARA A EDITORA SCHWARCZ EM FEVEREIRO DE 2021

A marca FSC® é a garantia de que a madeira utilizada na fabricação do
papel deste livro provém de florestas que foram gerenciadas de maneira
ambientalmente correta, socialmente justa e economicamente viável,
além de outras fontes de origem controlada.